REINALDO BURGOS

MAÑANA
NO SERÁ IGUAL...
SERÁ MEJOR

¡Que nuestras pérdidas no terminen
convirtiéndonos en perdedores!

Prologo: Dr. Wilfredo Estrada Adorno

EdicionesReyNo

Ediciones Reyno

Derechos Reservados 2019 Reinaldo Burgos Ortiz

ISBN: 978169105586

Numero de Control Librería de Congreso:

Primera Edición

Impreso en Estados Unidos.

Las citas a menos que se identifique otra versión, son tomadas de la Biblia Reina Valera Revisada 1960 Copyright 1960 por Sociedades Bíblicas en América Latina

Edición General: Noemi González Rivera

Diseño de portada: Miguel Ángel Gómez

Fotos: Photogenik studio

Diseño diagramación: Creative Studios

ÍNDICE

Índice...........5

Dedicatoria...........7

Agradecimientos...........9

Prefacio...........13

Prólogo...........17

Introducción...........25

¿Quién habla de migajas
cuando la mesa está llena?...........33

¿Quién eres? Me llamo
Quebranto...........45

Una sola palabra...........57

¿Qué hago con tantas fotos?...........85

Sanando para no enfermar...........101

Las ventanas de mi casa...........145

Mañana no será igual...
Será mejor!...........177

DEDICATORIA

Dedico este libro a dos mujeres cuyas vidas fueron mi inspiración, mi fortaleza, y una clara evidencia de que, sin duda, algunos sin saberlo hemos hospedado ángeles.

Annie, mi compañera por treinta y un años. Madre de mis tres hijos y abuela de mis seis nietos, quien como artista dio forma a este barro hasta llevarlo a ser el hombre de Dios que hoy todos conocen. ¡Sí, ahora todos sabrán de Ti!

A Rosa, mi madre y la mujer que engendró en mí el germen de Jesucristo. Mujer que me marcó para toda la vida declarando una palabra profética para mí antes de nacer. Ambas ya cumplieron su propósito en la tierra.

A Don Leo y Dona Paula, padres de Annie, sin ustedes nunca la hubiera conocido. ¡Mil gracias!

A mis hijos, Yerana, Sheilla y Reinaldo quienes, junto a mí, tuvieron el honor de compartir estas dos heroínas. ¡Han sido ustedes bendecidos, los amo!

Y a un anciano de cabellera blanca, silencioso y reservado pero que en mí supo derramar los consejos más valiosos que atesoro en mi corazón, a ti Charlie, mi viejo. ¡Cuánto te extraño! (Partió con el Señor durante el tiempo en que trabajaba en este libro)

Dedico este libro a quienes de algún modo han experimentado la perdida. Aquellos y aquellas que han podido recuperarse y aquellos y aquellas que sumidos en su dolor anhelan poder ver la luz de un nuevo amanecer en sus vidas. Por ustedes doy gracias a Dios, porque…

"Mañana no será igual…será mejor"

Agradecimientos

"Si un hombre no es agradecido por lo que tiene, es probable que no será agradecido por lo que tendrá". (Frank A. Clark)

Hay tanta gente a quien quisiera agradecer en este momento que, necesitaría de otro libro. Primero quiero agradecer al Dios de la historia, <<*todo en el mundo sucede porque quieres que suceda. Donde tú te encuentras no hay lugar para las sombras, porque la luz eres tú*>> ¡A ti toda la gloria!

A mi esposa Noemí, por su excelente trabajo en la edición de este libro. Por tu crítica sincera, porque nunca dudaste en decirme cuando mis expresiones carecían de sentimiento o no reflejaban el espíritu de este. Fueron muchas las horas invertidas y la pasión con la que llevaste a cabo este trabajo. ¡Gracias, mi amor, sin tu ayuda no lo habría podido lograr!

A mis tres hijos Yerana, Sheilla y Reinaldo,

quienes desnudaron sus vidas en este libro para brindarles un ropaje nuevo a los desnudos de la esperanza. ¡El corazón de ustedes es grande! A mi pastor, el Dr. Wilfredo Estrada y su esposa Carmen Carrasquillo, quienes me acompañaron durante todo el proceso; fueron mis segundos padres. ¡Mi deuda es grande para con ustedes! Al Reverendo Francisco Ortiz (Paco), encargado en aquel tiempo del cuidado pastoral dentro de la Iglesia de Dios en Puerto Rico. ¡Qué muchas horas invertiste en mí amigo! A mi gran hermano y Pastor Juan Emilio Morales (Millito) quien decidió acompañarme en un tiempo de ejercicio para poder compartir todas las mañanas conmigo, ¡cuánta revelación me impartiste! A Tony y Miriam Grillo, mi sombra protectora, cuyo cayado de aliento se extendió hacia mí para rescatarme tantas veces de mi doloroso valle de las sombras. ¡Los amo, no saben cuánto! Y no puedo dejar a mi amigo Alvin Méndez. ¡Cuánto te agradezco! Sobre todo, cuando viajaste a Orlando tomando licencia de tu trabajo, alquilando un vehículo para llevarme a aquel paraje para que llorara. Te mantuviste a mi lado sin decir una palabra, pero solidario. ¡Cuánto te amo querido amigo! A todos los que permanecen tras bambalinas, ¡Muchas gracias!

Termino con este pensamiento de Maya Angelou: <<Aprendí que la gente olvidará lo que dijiste, la gente olvidará lo que hiciste, pero la gente nunca olvidará cómo los hiciste sentir.>>

Mi familia y yo, nunca olvidaremos lo bien que nos hicieron sentir con su presencia.

PREFACIO

Conocí a Rey, (como cariñosamente todos sus conocidos llaman al pastor Reinaldo Burgos) en el Concilio de la Iglesia de Dios, en nuestra natal Puerto Rico, mucho antes de que fuese mi pastor. Músico, líder de alabanzas, dinámico, excelente exponente de la palabra, enteramente preparado en todo y presto para todo. Mi esposa Damaris y yo, éramos los pastores de jóvenes en una congregación donde lo inesperado tocó la puerta. El pastor de aquella congregación enfermó de muerte y nos quedamos sin líder. ¡Estábamos muy tristes y sin dirección! ¡Una sensación de abandono se había apoderado de nuestros corazones; no teníamos idea de lo que iba a suceder! Pero, cuando menos esperábamos, recibimos una grata noticia: ¡nuestro nuevo pastor sería Reinaldo Burgos! ¡Cuán bendecidos fuimos Damaris y yo! El pastor Burgos nos dio su voto de confianza y seguimos como parte de su equipo pastoral capacitándonos y recibiendo formación. El pastor Burgos ha vivido experiencias enriquecedoras, muchas de cuales me han tocado de cerca.

Como pastor, siempre nos retó a dar más. Era, y es, un perseguidor de la excelencia ya que, como siempre dice: <<lo bueno es enemigo de lo excelente>>. Bajo su dirección y visión nos fuimos formando como una familia sacerdotal. Fue por su profunda visión y su cuidado pastoral, que mi esposa Damaris se desarrolló como líder de alabanza. El pastor Burgos, como buen intérprete del tiempo, nos permitió salir a pastorear y nos instaló en Casa de Júbilo en San Juan de Puerto Rico. Ha sido mentor para mi familia y para mí. Fue mi pastor por espacio de 5 años, pero aún sigo viéndolo como mi pastor, ya que, mantenemos una relación muy estrecha que el paso de los años no ha podido romper.

Hace unos años, el Señor me otorgó el privilegio de ser su pastor, algo que considero una de mis mayores bendiciones, pero también una de esas cosas inesperadas que suelen ocurrir. Hoy, para mis sus consejos son de suma relevancia, bendición y dirección. Podría seguir contando experiencias tras experiencias sobre el pastor Burgos, pero prefiero decirle que usted tiene en sus manos uno de los libros más sanadores con una de las historias más conmovedoras que jamás alguien haya vivido. ¡Un hombre de Dios, con una hermosa familia, fueron visitados por lo inesperado! Y cuando lo inesperado toca a nuestra puerta, tenemos tan solo dos alternativas: la primera, abrirle la puerta y darle entrada aun cuando no sabemos las implicaciones y, la segunda, hacernos a un lado, para permitirnos aprender y crecer en el proceso. El autor de este libro, Pastor Reinaldo Burgos, tomó la segunda alternativa; abrazó la dolorosa experiencia de la pérdida de su esposa Annie para convertirla como él mismo afirma: <<en una mesa para repartir consuelo y esperanza>>.

Mañana no será igual, será mejor, es uno de los relatos más humanos y conmovedores que he tenido el privilegio de leer. En este libro, el pastor Burgos describe con un estilo interesante, claro y profundo aspectos humanos, teológicos y bíblicos dentro de una experiencia de dolor vivida por él y su familia, en el proceso de pérdida de su esposa. De una forma magistral, el pastor Burgos nos describe que cuando el dolor, la angustia, la desesperanza y la impotencia confabulaban con toda su fuerza para provocar que la declaración de fe que lo mantuvo a él y su familia de pie se desvaneciera,, el pastor Burgos no permitió que la pérdida lo convirtiera en un perdedor. Su fe y su confianza en el Dios de todo Consuelo le hacía declarar con certeza que habría un mejor tiempo para él y para su familia. Este libro, es la prueba fehaciente de que la pérdida de un ser amado no es el final, sino el comienzo de una nueva temporada. Oro al Señor para que cuando lo leas te unas al pastor Burgos y a su familia en esa poderosa declaración de fe: ¡Mañana no será igual…será mejor!

Pastor René González
Iglesia Casa de Júbilo
San Juan, Puerto Rico

PRÓLOGO

Desde que leí la obra, *La aventura de morir* no había leído un libro tan intenso, honesto, revelador y útil para las personas que enfrentan una enfermedad terminal, la muerte y el duelo de un ser querido. La obra que he sido invitado a prologar: *Mañana no será igual... será mejor,* es el relato agudo, desgarrador y estremecedor del pastor Reinaldo Burgos, sus dos hijas e hijo caminando por el pasillo de la muerte y luego enfrentando la angustia de la muerte y duelo doloroso de la pérdida de una esposa y madre en la flor de una vida productiva.

El relato de esta obra cobra especial significado para mí, porque compartí la vida de esta familia como su pastor. Era una familia que disfrutaba la vida familiar y demostraba ser verdaderamente feliz. Todavía me parece escucharlos reír a carcajadas y celebrar un momento jocoso o una situación embarazosa. Sin lugar a duda, manifestaban que su entorno familiar era uno de logros y felicidad.

Consiguieron impactar a muchas familias con su ejemplo de familia modelo.

Reinaldo y Annie comenzaron su ministerio pastoral muy jóvenes. Junto a Yerana, Sheilla y Tito caminaron como familia pastoral, bendiciendo a familias, damas, caballeros, jóvenes y niños por igual. Eran pastores innovadores que se atrevían a hacer cosas diferentes. Como todos los pastores, tenían personas que los seguían ciegamente, y otras, que resentían sus proyectos innovadores. Pero Rey y Annie supieron amar profundamente a los que los apoyaban resueltamente y a los que, de alguna manera, se convertían en piedra de tropiezo para sus proyectos ministeriales. Dios los enalteció con bendición abundante, tanto en su pastorado en Cuatro Calles en Cupey Alto, como en su pastorado en Santa Juanita en el pueblo de Bayamón.

Pero un día, mientras disfrutaban de una de las temporadas más exitosas en su pastorado en la Iglesia de Dios *Mission Board* La Catedral, en Santa Juanita, una extraña enfermedad se apoderó del cuerpo de Annie. Por siete años Annie, Rey, Yerana, Sheilla y Tito, a la distancia, y sus respectivas familias enfrentaron el dolor del corredor de la muerte, con plena expectativa de que el Dios de la esperanza sanaría a Annie. Esa espera angustiosa estuvo acompañada de la firmeza de una promesa de un ministro del evangelio quien les afirmó que Dios sanaría a Annie. A pesar del continuo deterioro de la salud de Annie, Rey, su familia y la iglesia afirmaban cada día que el instante de la sanidad de Annie llegaría en cualquier momento, porque esa era la promesa que ellos habían recibido. Sin embargo, en la madrugada del 14 de noviembre de 2004, Annie se enfrentó con gallardía a su cita con la muerte. Antes de emprender la ruta a esa cita impostergable, se despidió airosamente de Rey, Yerana, Sheilla y Tito. Había creído en una promesa de sanidad sobrenatural, que desde la perspectiva puramente humana no se había cumplido. Sin embargo, desde su fe cristiana se enfrentó al destino de su vida con seguridad y entereza en el Dios de la esperanza. Había concluido con sus dolores, temores y luchas en una larga enfermedad de mucha incomodidad. Había <<peleado la buena batalla>>, <<acabado la carrera>> y había <<guardado la fe>> (2 Timoteo 4.7).

Por el contrario, para Rey, Yerana, Sheilla y Tito, continuaba el dolor, el coraje con Dios y dudas, al enfrentarse a un periodo largo de duelo, donde buscaban respuestas a las dudas de su fe y a las incertidumbres de su futuro inmediato. Fue un peregrinaje largo y tempestuoso que los acorralaría como familia y pondría a prueba su fe cristiana. Fueron años muy intensos de preguntas, dudas y resquemores. Pero años donde, toda la familia, salió fortalecida en su fe para poder afirmar *Mañana no será igual... será mejor.*

En Mañana no será igual... será mejor, Reinaldo Burgos, Yerana, Sheilla y Tito, de forma magistral, desnudan sus corazones y nos llevan de la mano a caminar con ellos por el aterrador mundo del dolor, la incertidumbre, la rabia y la fe empobrecida. Es una lectura que sacude nuestros cimientos religiosos y cuestiona seriamente algunos clichés de la fe cristiana. Mientras he leído esta obra para realizar mi tarea de prologarla, he tenido que detenerme muchas veces a pensar y llorar ante la realidad del dolor, la angustia de la pérdida de un ser querido y las preguntas reales de las dudas que acompañan nuestra fe. Esta obra es intensa y examina con seriedad, entereza y honestidad la vida de los familiares durante la enfermedad y pérdida de un ser querido. Su lectura me hizo revivir de forma impresionante mi encuentro con la obra *On Death and Dying, 1969 (Sobre la muerte y la experiencia de la muerte)*, de la psiquiatra suiza americana, Elizabeth Kübler-Ross, mientras tomaba mi primer curso de Educación Clínica Pastoral en el Grady Memorial Hospital, durante mi formación ministerial en Emory University en Atlanta, Georgia en 1972. En esa obra, Kubler-Ross popularizó lo que ella llamó las etapas que enfrenta un paciente durante una enfermedad terminal. De una manera que revolucionó los estudios psiquiátricos de la época, identificó cinco etapas en el ciclo de duelo por el que pasa el paciente que se enfrenta a su muerte. Las etapas del ciclo de duelo son las siguientes:

1. **Negación**: Es esa etapa donde la persona afectada hace un esfuerzo consciente o inconsciente para rechazar la realidad que enfrenta. Hay ocasiones que algunas personas se quedan atrapadas en esta etapa.

2. **Coraje**: La persona demuestra incomodidad emocional y puede tener coraje consigo misma o con los que le rodean, incluyendo a su Dios. En esta etapa la persona puede demostrar su frustración de variadas formas

3. **Negociación**: En esta etapa la persona que se enfrenta a la muerte comienza a negociar con su Dios su futuro. Por ejemplo: <<Permite unos años más para ver la boda de mi hija>>.

4. **Depresión**: Esta es una etapa con una carga emocional fuerte, impregnada de tristeza, miedos, compunción e inseguridades. Es para muchos el inicio de la aceptación de su realidad.

5. **Aceptación**: Describe la convicción, para la persona que enfrenta la muerte, que su realidad es irreversible y finalmente se enfrenta a la misma con cierto grado de aceptación objetiva y despegue emocional. Ciertamente, este paciente, en muchos casos, hace paz con su situación mucho antes que los familiares, quienes tendrán que enfrentar su duelo una vez el paciente ya no esté con ellos.

Las etapas del ciclo de duelo que enfrentan los

pacientes frente a la muerte, según Elizabeth Kübler-Ross, posteriormente se les han aplicado a los familiares que enfrentan duelo como resultado de la muerte de un ser querido. En Mañana no será igual... será mejor, a mi juicio, Reinaldo Burgos se enfrenta junto a su familia al ciclo de duelo que describe Kubler-Ross y Reinaldo relata cómo él y sus hijas e hijo fueron enfrentando cada una de estas etapas desde su particular situación. Aunque Reinaldo no identifica estas etapas con los nombres con los cuales la psiquiatra los describió, le recomiendo al lector que sería un ejercicio muy significativo, identificarlas a medida que avanza en la lectura de esta extraordinaria obra.

Una segunda recomendación que le hago a los lectores de esta obra es que, tengan a la mano un paquetito de servilletas. En ocasiones, las servilletas serán muy necesarias. Todos y todas, de una u otra manera, han tenido pérdidas y la lectura de esta obra los identificará con las mismas. Si todavía algunas personas no han resuelto, de forma efectiva, esas pérdidas, esta obra los enfrentará con los fantasmas de las mimas. De vez en cuando, tendrán que hacer una parada en la lectura para respirar profundo, llorar o revisitar algunas escenas de su pasado. En ocasiones puede ser que se cuestionen lo que alguien le ha dicho en el nombre del Señor. La buena noticia es que en este trabajo encontrará herramientas que le ayudarán a manejar sus pérdidas significativas de forma constructiva.

Pero no quiero detenerlos por mucho tiempo más en este prólogo, para que pasen, lo antes posible, a examinar esta obra. Volteen la página y escuchen directamente a Rey, Yerana, Sheila y Tito abrirles sus corazones. ¡Buen viaje! ¡Ah, amárense los cinturones!

Wilfredo Estrada Adorno
13 de agosto de 2019
Trujillo Alto, Puerto Rico

Introducción

La vida de cada ser humano está precedida de múltiples eventos. Algunos de ellos serán portadores de grandes oportunidades, otros, de grandes calamidades. Lo cierto es que, nadie podrá escapar de ellos. Son como una escuela a la que todos tenemos que asistir y esforzarnos por alcanzar nuestro mejor desempeño. ¡Y como es natural, no acudimos solos o solas a ella! A esa aula nos acompañan, como participantes de la misma asignatura, nuestra familia inmediata y la extendida. Nos tropezamos con ellas en los pasillos y comentamos sobre lo acontecido. Algunos maravillados por lo aprendido, otros y otras, frustrados al no poder comprender, y mucho menos manejar, la materia en la cual están registrados.

¡Y así transcurre el tiempo! Día a día, continuamos tras cada clase tropezando en los pasillos, pero esta vez los que parecían entender, ahora están confundidos y los que estaban confundidos, apenas comienzan a entender. ¡Que dinámico es el proceso en esta aula! ¡Cuántas correcciones, cuántos aciertos, ¿y por qué no? ¡Cuántos fracasos! Hay quienes reciben respuestas que iluminan su jornada en el curso, y otros, cuyas respuestas recibidas parecen cerrar toda posibilidad de alcanzar el éxito anhelado. ¡Pero al final todos lo logran, todos alcanzan su certificación! ¡Todos proceden a posar ante las cámaras para aquella foto en donde el grupo que participó junto a nosotros en esta gesta estará posando! Algunos colocarán la foto en un lugar en donde todo el mundo la pueda ver; otros posiblemente en un álbum que, después de un tiempo, será lanzado en el depósito donde guardan todos sus recuerdos.

¡Pero el tiempo continuará su curso y los años seguirán pasando! Y mientras el tiempo pasa, comenzaremos a mirar la foto con cierta nostalgia, porque al compartirla con amistades de aquella jornada, nos encontraremos señalando en ella algunos y algunas que ya no están entre nosotros. Y es ahí donde comenzaremos a comprender cuán difícil es lidiar con las pérdidas, no importa de qué tipo sean.

Sobra decir que, mi familia y yo hemos visto esa foto desdibujarse hasta quedar incompleta. ¡Si! ¡Incompleta! La señora muerte, un día se presentó en nuestra casa llevándose a mi esposa, mi compañera por 31 años, la madre de mis tres hijos y la abuela de mis seis nietos. ¡La desolación, el dolor y el vacío se volvieron nuestras mejores amigas por mucho tiempo! Pensábamos que nunca podríamos superarlo, pero hoy, mi familia y yo damos gracias a Dios por su amor, su gracia inefable y su cuidado para con nosotros. Sanar ha sido un largo proceso, no solo para mí, sino para cada miembro de mi familia. Nos ha tomado quince años el procesar todos estos eventos de forma que, los podamos compartir y que los mismos, no sean vistos como un cúmulo de lamentos sin ningún valor práctico que no fuera la mera queja de todos. Hoy queremos compartirlos como un testimonio de la poderosa mano del Señor obrando a favor de los que sufren. Queremos hablar del Dios siempre presente, que dialoga y nos da la oportunidad de reflexionar en lo vivido y poder reaccionar como Job: <<Enséñame tú lo que yo no veo; Si hice mal, no lo hare más.>> (Job 34:32 RVR1960) Esperamos como familia, expresar en palabras lo que nos tomó tanto tiempo traer a nuestra realidad. Para poder entender un poco la forma en que Dios fue sanando nuestras dolencias como familia, permítanme contarles una experiencia que sirve como ilustración de lo que sucede con la pérdida de un ser amado.

Soy padre de tres hijos hermosos: Yerana, Sheilla y Reinaldo. Un día, mi hija Sheilla había regresado de su colegio y esperaba junto a sus hermanos en la casa de mis padres a que su mamá y yo pasáramos a buscarlos. Mientras transcurría la espera, ella tuvo un accidente en el cual la patela de la rodilla (conocida también como rótula, es una pequeña estructura ósea que se desliza sobre el surco que hay al final del fémur) se salió de lugar. Por demás está decirles que esto le ocasionó un dolor horrible y decidimos llevarla de inmediato al ortopeda.

Estando en el consultorio del ortopeda, llegó su turno. El especialista nos indicó que era un poco delicado. Para aminorar el dolor que mi niña estaba experimentando, el especialista debía introducir una aguja entre el hueso de la rodilla y la patela para extraer el líquido y la sangre acumulados al momento de moverse la misma. Para entonces,

Sheilla tenía apenas diez años, pero toda su vida la había pasado entre médicos y hospitales ya que, padecía de asma crónica. Estaba acostumbrada a los médicos, era algo rutinario hablar con ellos durante los procedimientos. Así que, mientras el especialista se preparaba para la intervención, la niña le pregunta: ¿En qué posición debo colocarme? El ortopeda la mira sorprendido y le responde: <<te puedes colocar de cabeza, o de espalda, colgarte del techo, o pegada contra la pared, que como quiera te va a doler>>.

¡De igual manera sucede con las experiencias de pérdida! ¡No importa la postura que asumamos, como quiera nos va a doler! Esto nada tiene que ver con tu intimidad con Dios; si oras, si ayunas, si crees o no crees, si lo conoces o no, <<un mismo suceso nos ocurre a todos bajo el sol>>y a todos nos llegará el día malo. Y cuando toque a tu puerta, será una simple cortesía porque aun cuando no sea bienvenido, se manifestará.

Lo más recomendable es que asumamos una actitud correcta porque será nuestro compañero y creamos o no, trae consigo un sin número de enseñanzas que nos harán más fuertes si no nos cerramos ante ella. Aun cuando nos sintamos solos en algunos momentos del proceso, la pérdida o la muerte de un ser querido, no es el olvido de Dios. Él nos ha prometido; <<Yo estoy con vosotros todos los días, hasta el fin del mundo>>. (Mateo 28:20b) No nos ha dado la espalda ni lo hará. Está trabajando fuerte para ayudarnos a superar cada una de nuestras crisis. En mi caso, sufrí la muerte de mi esposa, a causa de una terrible enfermedad que duró 7 años. Esta experiencia me hizo reflexionar sobre el sentido de la muerte y del dolor que la acompaña.

Mi propósito al presentar este libro no es acabar con el dolor de la pérdida. Tampoco pretendo dar una respuesta a todas las interrogantes que hay sobre el tema. Escribo a hombres y a mujeres que, se niegan a aceptar que su dolor es más grande que su esperanza. Pero con especial énfasis, escribo a pastores y pastoras, a líderes que tienen bajo su responsabilidad junto a los pastores dirigir la grey del Señor. Me dirijo con especialidad a ustedes, porque ninguna iglesia llegará más allá de donde sus líderes la puedan llevar. Según sea la expectativa que tengas de la vida o de la muerte, así será de efectiva la ayuda y consuelo que impartirás a quienes interactúan contigo en medio de su realidad existencial.

Al escribir este libro, lo hago desde una perspectiva pastoral y vivencial. Quiero compartir con todo el que lea este escrito, la experiencia que mi familia y yo vivimos, por si de alguna manera pudiera ayudarles a manejar el dolor que la pérdida produce y lo puedan convertir en energía y sabiduría. ¡Esperando que puedan preparar un nuevo plan de vuelo para su tiempo venidero y abran puertas de consuelo para nuevas generaciones porque estoy convencido de que mañana no será igual...será mejor!

Capítulo I
¿Quién habla de migajas cuando la mesa está llena?

<< *¿Acaso pueden los que están de bodas ayunar mientras está con ellos el esposo?*>>

La vida está compuesta por temporadas. No obstante, aunque podamos tener una gran participación en la confección de nuestro futuro, no está al alcance de ningún ser humano el predecir claramente los eventos que estarán desarrollándose a través de las diferentes temporadas de su existencia. Podemos elegir lo que queremos estudiar, en qué institución lo vamos a hacer, con quién nos queremos casar y hasta los hijos que queremos tener. Es algo así como si nos colocáramos en la cima de una cordillera de montañas desde la cual podemos ver los diferentes picos, uno inmediatamente detrás del otro. ¡Sí! Tenemos muchas posibilidades de visualizar nuestros sueños, pero lo que no podemos hacer o pronosticar son las cosas difíciles que tendremos que enfrentar en la persecución de esos sueños.

Dicho de otro modo, de la misma manera que no podemos ver los valles que existen entre cada uno de los picachos de las montañas, igualmente imposible se nos hace poder ver con claridad qué nos depara la vida entre cada sueño o meta que nos trazamos para el futuro. El proverbista bíblico lo define de esta manera: <<*Al hombre, los planes del corazón; pero de Yahveh, la respuesta*>>. Esto de lo que nos habla es, de que nuestra realidad está invadida por muchas sorpresas, algunas serán de nuestro agrado, mientras que otras no. Lo que sí puedo afirmar es que, el Dios que yo conozco conoce el principio y el final de cada una de nuestras temporadas. Él es el autor de la historia que viví con quien fue mi esposa y que, hoy comparto con ustedes.

Nuestra Historia

Aún conservo claro en mi mente los eventos ocurridos el 7 de julio de 1973. ¡Fue un día especial! Frente al altar de una sencilla iglesia de Santurce (una barriada de San Juan, la capital de Puerto Rico), una pareja de jóvenes se preparaba para recibir la bendición nupcial. ¡Todo era alegría! ¡Annie y yo nos *estamos casando*! ¡Habíamos esperado tanto ese momento, habíamos luchado tanto que no podíamos salir del asombro! Finalmente, comenzó la ceremonia. ¡Ella me tenía cautivado! No podía prestar atención a nada que no fuera ella. Mientras el ministro llevaba a cabo la ceremonia, mi mente se remontó al momento de nuestro primer encuentro.

Todo comenzó una noche en el verano de 1968. En el salón de actividades de la iglesia a la cual asistía, se estaba celebrando un quinceañero y "adivinen" quién era el acompañante de la quinceañera, yo. Todo parecía transcurrir sin mayores cambios hasta que de pronto, un amigo se acercó a la mesa en que me encontraba. Venía acompañado de una joven que yo nunca había visto. Era hermosa, delicada y parecía muy tímida. Mi amigo, siguiendo el protocolo de la ocasión, hizo la presentación de rigor. Me dijo: <<te presento a mi hermana>> (que al final, resultó no ser su hermana). Yo respondí:

<<encantado, me llamo Reinaldo>> Ella sonriendo me dijo tímidamente: <<yo soy Annie>>. ¡Fue un momento casi mágico! ¡Su sonrisa, su mirada! ¡En fin, toda ella me cautivó! Desde ese mismo instante quedamos ligados para siempre. Después de evocar ese recuerdo, por unos segundos, finalmente pude regresar a la ceremonia de mi matrimonio. Me di cuenta de que las palabras del ministro se escuchaban como a la distancia y mis respuestas eran como automáticas. ¡Obviamente, todas afirmativas! Aquella noche marcó el inicio de una hermosa e inolvidable temporada para los dos, no así para nuestra Isla.

El verano del setenta y tres nuestra Isla (Puerto Rico) estuvo marcado por un sin número de conflictos que, finalmente, terminaron en paros laborales en contra del gobierno de turno. Algunos fueron prolongados, otros no. La Autoridad de Acueductos y Alcantarillados, fue una de ellas dejando a miles de personas sin el servicio de agua potable. El país estaba conmocionado por los sucesos, pero en medio de esa vorágine, Annie y yo, ¡celebrábamos! ¡Era nuestra boda! ¡Nada ni nadie podría empañar la felicidad que ambos sentíamos! ¡Ni siquiera la falta de agua nos detendría! Así que, nuestras familias tuvieron que ingeniárselas para conseguir agua y transportarla hasta el local donde se llevaría a cabo la fiesta. ¡Era preciso ver como mi padre y mis hermanos montaban aquellos envases repletos de agua en una <<Van>> marca Dodge que no tenía ni el menor del sentido del humor! ¡Y como si fuera poco! Había que bajar una cuesta, que usted no podría imaginársela. Lo irónico de todo era que la barriada donde estaba ubicada esta cuesta se llamaba "Frailes Llanos". Sin embargo, eso no fue un obstáculo para que los planes de boda continuaran.

¡Estábamos a pocas horas de alcanzar nuestro sueño de unir nuestras vidas para siempre, cuando de repente, apareció otro problema! La Autoridad de Energía Eléctrica, encargada de suplir el servicio de energía eléctrica a todo el país, también fue afectada por un paro laboral. Demás está decirles que no todo el tiempo tuvimos luz, cosa que trajo como consecuencia que la comida de la boda (especialmente los perniles de cerdo que estaban listos para ser horneados) se descompusieran porque el servicio de luz había sido interrumpido varias veces durante la madrugada y nadie se había dado cuenta. ¡Sin embargo, nada pudo arruinar aquel momento! ¡Nuestro amor era a prueba de apagones! ¡Estábamos tan felices que todo lo acogimos con buen sentido del humor! Así que, pese a las circunstancias, se celebró la boda.

Una semana después de nuestra luna de miel, fuimos invitados a la boda de unos amigos en la misma iglesia. Nos sentamos en la primera banca para disfrutar de cerca la ceremonia cuando de pronto, escuché al ministro hacer unas afirmaciones a las cuales no había prestado atención en nuestra ceremonia. <<*¿Prometes amarla, honrarla, consolarla, y conservarla en tiempo de salud y enfermedad, en prosperidad y sus sufrimientos, en todo lo que la vida da y en todo lo que la vida quita y conservarte para ella mientras los dos vivieran?*>> Aquellas palabras calaron muy hondo dentro de mí, tanto que me estremecí. ¡Pero éramos tan jóvenes que pensé: <<esto no es posible que nos suceda a nosotros>>! ¿Quién se atreve a pensar en enfermedad y sufrimiento cuando se es tan joven y apenas comienzas a disfrutar tu matrimonio? ¿Quién habla de migajas cuando la mesa está llena? O, como diría la Escritura, ¿acaso pueden los que están de bodas ayunar mientras está con ellos el esposo?¡Habíamos orado y ayunado tanto tiempo por nuestro noviazgo! ¡Habíamos recibido la aprobación de Dios para nuestro matrimonio que automáticamente esto descartaba toda crisis! Esto era como nuestro gran amuleto de la suerte. ¡Los años siguientes fueron maravillosos! La ci- güeña nos visitó en tres ocasiones. Nuestro primer envío fue una niña a la cual le dimos el nombre de Yerana. Este nombre tenía un gran significado para nosotros, de dos nos convertíamos en uno en ella. Por eso tomamos parte de mi nombre, Rey (al revés Yer) y parte del nombre de la madre Ana, y los unimos. El segundo envío fue otra niña, Sheilla y finalmente luego de una pausa de tres años, vino Reinaldo. Ahora el equipo se había completado. ¡Éramos una familia sana, feliz que amábamos al Señor y nos congregábamos en la iglesia todos los días que había reunión!

Debo puntualizar que, antes de contraer matri- monio, y siendo un joven de apenas 17 años, mi pastor había decidido enviarme a estudiar en el Instituto de la Iglesia de Dios en Puerto Rico. Por tres años fui estudiante interno y solo iba a la casa de mis padres algunos fines de semana. Posteriormente, dicho Instituto se convirtió en lo que hoy se conoce como Universidad Teológica del Caribe. Fue allí donde, después de haberme casado, completé el grado de Bachillerato en Interpretación Bíblica.

Una vez terminaron mis estudios, seguí sirviendo al Señor en mi iglesia. Llegué a ser director del Ministerio de Jóvenes, Ministro de Educación, además de músico del altar. ¡Me sentía agradecido de Dios por la familia que me había dado y por darme la oportunidad de servir en dichos ministerios! No teníamos ningún problema de salud, vivíamos felices y yo esperaba el momento en que Dios me concediera servir en el ministerio pastoral tal como Él me había llamado. Pasado un tiempo, Dios nos llamó al ministerio como pastores y junto a nuestra familia aceptamos el llamado. Fueron años muy duros ya que, nos convertimos en pastores bi vocacionales, pues tanto mi esposa como yo, además de pastorear la iglesia asignada, trabajábamos secularmente. Era una iglesia de tipo rural, pequeña, con 7 miembros que para aquel entonces requería mucha atención. Trabajamos muy duro para echarla hacia adelante y gracias a Dios, la iglesia creció, se construyó un nuevo templo con mayor capacidad que todavía permanece muy próspera. Al cabo de once años Dios nos movió a la Iglesia de Dios La Catedral, ubicada en la ciudad de Bayamón, Puerto Rico donde comenzamos a trabajar con mucho entusiasmo para cumplir el propósito por el cual Dios nos llevó hasta allí. Todo iba muy bien; tanto nuestra familia, la iglesia, como nuestras carreras, se desarrollaban con éxito. En La Catedral, mi esposa y yo trabajábamos incansablemente aun cuando los dos teníamos empleos secularmente. Pasábamos muchas horas dedicados a desarrollar la obra y veíamos la mano poderosa de Dios prosperándonos en todo. ¡Vidas eran transformadas, familias eran sanadas, milagros ocurrían en cada servicio! ¡En fin! La presencia de Dios nos acompañaba, no solo en el ministerio, sino en nuestra vida familiar. ¡Gozábamos de excelente salud, nuestros hijos crecían sanos, llenos de vitalidad y de energía y nosotros estábamos felices! ¡Nada parecía entorpecer las cosas buenas que estábamos viviendo!

Y así, entre el trabajo secular y el ministerio en La Catedral, mi esposa y yo veíamos cómo los años iban pasando. ¡Estábamos ansiosos de retirarnos de nuestros trabajos seculares para dedicar todo el tiempo a nuestra familia y al ministerio! Lo íbamos a lograr siendo muy jóvenes los dos. Era indescriptible la sensación que experimentábamos al estar tan cerca de nuestra jubilación, llenos de juventud y de salud. ¡Cuánto tiempo invertido, elaborando planes para cuando llegara ese momento! Pensábamos en nuestros hijos con sus propias familias y nosotros, dándonos la buena vida, bien merecida, por supuesto.

Todo nos estaba saliendo como habíamos planificado. No había nada que no pudiéramos alcanzar. ¡Juntos, éramos una pareja especial, exitosa en todas las áreas y nada parecía vencernos! ¡Dios había sido buenos con nosotros dándonos la bendición de poder salir de nuestras carreras seculares para entregarnos de lleno a Su obra en aquella Iglesia! ¿Qué más podíamos pedir? Esos eran nuestros pensamientos y también nuestros deseos, pero las cosas no siempre ocurren como planeamos o como deseamos. Situaciones improvistas y personajes no invitados aparecen para cambiarlo todo. En nuestro caso, un personaje de esos que nadie espera, de esos que aparecen de repente, vino a visitarnos. ¡Era alguien que realmente hubiésemos preferido que nunca llegara! ¡Pero llegó! ¡Y su llegada cambió por completo el rumbo de nuestras vidas llevándonos por caminos nunca andados! Entró sin pedir permiso, imponiéndonos su presencia devastadora. Se sentó con nosotros en la sala y nos miró directo a los ojos como queriendo decirnos <<no me invitaron, pero aquí estoy>>. Nos miramos, la miramos y con cierto temor preguntamos, ¿Quién eres? Y ella, con una mirada lánguida y oscura respondió: <<me llamo quebranto>>.

CAPÍTULO II
¿QUIÉN ERES?
ME LLAMO QUEBRANTO

<< *¿Qué es el hombre? Vaso frágil que quiebra una ligera sacudida y un roce ligero...cuerpo débil, desnudo, inerte, menesteroso...enfermizo, que con el llanto inaugura su vida*>>. *Séneca*

¡Era el 6 de enero de 1997! Nos preparábamos para la fiesta tradicional del Día de Reyes[1]. Habíamos sido invitados, como era costumbre, a asistir a la casa de unos amigos al campo, para participar de una excelente cena navideña al estilo de nuestra tierra. Durante la misma, Annie comenzó a sentirse indispuesta a tal extremo que, nos excusamos de la actividad y nos marchamos a casa. Era algo inusual en ella. Annie no se quejaba de nada, era una persona muy saludable. Todos en casa nos enfermábamos menos ella. Pero aquella misma noche su malestar se recrudeció. En horas de la madrugada,

---

[1] Fiesta que se celebra en Puerto Rico y en otros países de habla hispana en la que los niños acostumbran a dejar yerba en una caja de cartón colocada debajo de la cama para que los llamados Tres Reyes Magos alimenten sus camellos o caballos a cambio de traerles regalos.

tuvo que ser recluida de emergencia en un hospital. Su condición parecía delicada, pero no más de lo que realmente descubrieron los médicos. Fue sometida a muchos análisis y todos apuntaban hacia diferentes direcciones. Unos exámenes presentaban fisuras en el riñón las cuales provocaban una inflamación causando descompensación en la presión arterial. Otros laboratorios apuntaban a una colitis ulcerativa, provocando sangrado a través de las paredes del intestino.

Transcurrieron muchos días en aquel hospital tratando de encontrar el origen de todos aquellos síntomas. Mientras tanto, la gravedad aumentaba al igual que la desesperación causada por el desconocimiento de lo que le estaba consumiendo la vida a mi esposa. Estaban tratando de forma individual cada uno de estos síntomas, pero no sabían qué los causaba. Finalmente, decidimos trasladarla de hospital y cambiar de médicos. Esta decisión fue tomada en consenso con toda la familia nuclear. Después de muchos análisis y laboratorios, se descubrió que

---

[2] Hay diversas clases de Vasculitis. Henoch Scholein Púrpura es una de ellas. Es una enfermedad autoinmune, en la que los anticuerpos del paciente atacan tejidos hasta dañar ciertos órganos. Dicho de otra manera, era como una rebelión del cuerpo contra sí mismo., como si su cuerpo se quisiera autodestruir.

estaba padeciendo una rara enfermedad llamada *Vasculitis* <<*Henoch Scholein Púrpura*>>.[2] Esta enfermedad es una inflamación generalizada de los vasos sanguíneos que puede producir síntomas y alteraciones de la función de distintos órganos o tejidos. Presenta lesiones en la piel, dolores abdominales de tipo cólico o contracturas intestinales, hemorragias intestinales, dolores e inflamaciones articulares e inflamación renal (nefritis).

¡No pueden siquiera imaginar cómo nos sentimos cuando nos dieron este diagnóstico! ¡Fue como si una avalancha de nieve nos arropara sepultándonos en el asombro y dejándonos sin palabras! Aun no salíamos de nuestro asombro cuando el doctor nos dio la estocada final, <<*para esta enfermedad no hay muchos tratamientos, esta vasculitis puede llegar a ser controlada pero no erradicada*>>. ¡La noticia nos dejó devastados, sin palabras! En mi interior, se desató una gran tormenta de pensamientos que, no quise compartir con mi esposa para no inquietarla más de lo que ya estaba. ¡Me sentí abandonado y totalmente confundido! ¡Sentía como si Dios estuviera dejándome correr a mi suerte! ¿Dios me había dado una esposa para luego quitármela? ¡No lograba entenderlo!

¡Por primera vez las palabras de David en el Salmo 22 cobraron sentido para mí cuando, en medio de una crisis exclamó: <<*Dios mío, Dios mío, ¿por qué me has desamparado? ¿Por qué estás tan lejos de mi salvación y de las palabras de mi clamor? Dios mío, clamo de día y no respondes, y de noche no hay para mi descanso*>>. (Salmo22:1)

¡Quizás le sonará inadecuada esta expresión viniendo de los labios de un pastor, pero al recordar esa expresión de David, el hombre con el corazón conforme al corazón de Dios, descubrí que no era el único en ese sentimiento! No había manera de sentir otra cosa. ¡Esa era la realidad! ¡Mi corazón de esposo, de hombre y de padre estaba destrozado! En ese momento, no era el pastor, sino un ser humano golpeado por una crisis para la cual no estaba preparado. Y es que, como bien expresa el Dr. Samuel Pagán: <<*Una de las mayores dificultades de la teología es; explicar la realidad humana de sentir el olvido del Señor, de experimentar el silencio divino, de vivir la incomprensión de tener y adorar a un Dios poderoso que no interviene en la vida>>.*[3]

En ocasiones llegué a hacerme solidario con la expresión de Job en el capítulo 16:11-14 *<<Dios me ha entregado al mentiroso; en las manos de los impíos me ha hecho caer. Yo vivía en prosperidad y me desmenuzó; me arrebató por la servís, me despedazó y me puso por blanco suyo>>*. ¡Sentí como si de repente, Dios decidiera practicar con nuestra familia todas y cada una de las calamidades que están en dicho libro! ¡Sabía que no era cierto, pero así me parecía en aquel momento! Sentí que; *<<Me rodearon sus flecheros, y el partió mis riñones sin compasión y derramo mi hiel por tierra. Me quebrantó de quebranto en quebranto; corrió contra mí como un gigante>>.*

Las palabras de Job retumbaban en mis oídos y penetraron a mi corazón como una espada afilada. ¡Me sentía abrumado, sin fuerzas y con miles de preguntas sin respuesta! ¡Quebranto había entrado a nuestras vidas con la intención de quedarse y tan-

> *¡Sentí como si de repente, Dios decidiera practicar con nuestra familia todas y cada una de las calamidades que están en dicho libro!*

[3] Samuel Pagán, *De lo profundo, Señor, a Ti clamo: Introducción y comentario al libro de los Salmos* (Miami, FL: Editorial Patmos, 2007), 202.

to mi familia, como yo, teníamos que aprender a convivir con ella, aunque su presencia nos resultara incómoda! Me preguntaba, ¿Cómo darles esta noticia a mis hijos? ¿Cómo reaccionarán? Aun no tenía respuesta a estas preguntas, pero si estaba claro de una cosa: nadie asume posición ante la adversidad hasta que esta aparece. Me di cuenta de que, ante el quebranto, hasta el más fuerte palidece. Mi esposa y yo comenzamos a experimentar el quebranto desde el mismo instante en que recibimos aquella terrible noticia. Lo mismo ocurrió con mis hijos cuando supieron la noticia. Ellos fueron impactados tan fuerte como lo fui yo. (Más adelante, podrán conocer su reacción a esta noticia.)

A partir de la entrada de quebranto a nuestras vidas, me percaté de que, tiene dos rostros: uno, la del verdugo que me parece he descrito bien, y la otra, la del maestro que trae consigo una enseñanza. La primera ya me era familiar, pues desde aquel 6 de enero de 1997 se había instalado en nuestras vidas sin pedir permiso. La segunda, era desconocida y solo con la entrada en el proceso de la enfermedad de mi esposa, se haría parte de nuestras vidas. ¡Así mismo ocurrió!

Después del diagnóstico médico y haber compartido con nuestros hijos la noticia de la enfermedad de su madre, ella estuvo hospitalizada por cuarenta y cinco días, al cabo de los cuales, regresó a casa. La estadía en el hogar cada vez se hacía más corta debido a que su condición de salud avanzaba rápidamente. En esta etapa de su enfermedad aumentaron los dolores y las hospitalizaciones. Durante este proceso mi familia y yo pudimos observar cómo el cuerpo de una hermosa mujer se iba deformando y perdiendo habilidades motoras paulatinamente, hasta terminar en una silla de ruedas. Estábamos conscientes de que ella sufría, pero en realidad ninguno podía imaginar la dimensión de la lucha que se llevaba a cabo en el interior de su mente. <<*Las saetas del Todopoderoso la habían alcanzado y su espíritu absorbía su veneno, Dios había enviado sus terrores sobre de ella*>>.[4]

¡Cuántas veces, estando a solas en nuestra recámara, mientras se cambiaba de ropa para dormir, estallaba en llanto con un dolor tan profundo al

---

[4] Parafraseado de libro de Job 6:4 NVI.

contemplar cómo se deterioraba su cuerpo sin que, pudiera hacer nada para evitarlo! Y yo, mientras frotaba su cuerpo con alguna crema humectante para aminorar el dolor de su piel, la tomaba suavemente entre mis brazos y lloraba con ella. Muchas veces me faltaban las palabras para consolarla, pero siempre me mantenía a su lado porque su dolor era mi dolor.

¡Aprendimos que las horas más largas son aquellas que pasamos distantes de la persona que amamos!

Y mientras esto ocurría pensaba: ¡Qué importante es el acompañamiento en estos momentos, en especial del cónyuge! Nosotros los hombres somos muy dados a esperar toda la atención del mundo cuando estamos pasando por cualquier situación de enfermedad. Pero ¡que escasos somos para comprender el dolor de nuestra pareja! ¡Qué importante y elocuente se torna esa presencia en el momento que hace la diferencia!

Recuerdo aquellos momentos en que, hospitalizada, tenía conectado a su cuerpo hasta cuatro botellas de diferentes medicamentos a la vez. Todos, sin duda con la mejor intención de aliviar su condición. Sin embargo, ¡ninguno le producía más alivio que mi llegada del trabajo para pasar la noche con ella en el hospital! ¡Cuánto aprendimos mi familia y yo cada noche pasada allí! *¡Aprendimos que las horas más largas son aquellas que pasamos distantes de la persona que amamos!* ¡Aprendimos la verdadera razón por la cual Dios nos dio una sola boca y dos oídos! Hubo ocasiones en que no podíamos decir nadas que sirviera para aliviar su dolor, pero ¡sí ayudaría mucho escuchar! Ahora puedo confesar que hubo ocasiones en que deseé cambiar mi boca por un oído adicional.

Esta experiencia de quebranto me enseñó lo que es vivir con tu pareja, aquello que la Biblia llama <<ser una sola carne>>. ¡Cada vez que tenían que cambiarle el suero porque la vena se dañaba, o que había que practicarle algún procedimiento doloroso, salía a llorar al pasillo rogando a Dios que no le doliera tanto como me estaba doliendo a mí! Aprendí a valorar cada minuto de vida y hasta pude entender que el valor de un minuto no son sesenta segundos y que, aun los segundos, pueden ser interminables. ¡Qué forma más poderosa de validar nuestro amor! ¡Más intenso que toda una noche de pasión!

Luego de tanto llanto, Annie se tranquilizaba, se secaba las lágrimas y mirándome a los ojos terminaba diciéndome con una certeza y una convicción que dejaba pasmado a cualquiera, <<*Papá, esto será por un corto tiempo, yo tengo una palabra de sanidad y la creo, así que no más lágrimas que se me corre el maquillaje y pierdo el caché*>>. ¡Qué mujer! En ese momento me sorprendí al darme cuenta de que, quebranto no solo tiene rostro de verdugo, ¡también tiene el rostro benevolente de una gran maestra! Mientras todo esto ocurría, Annie y yo acudíamos a la misericordia de Dios, sin cesar, día tras día, noche tras noche, con un incesante clamor por sanidad. ¡Perdí la cuenta de las veces en que no pudiendo dormir, razonaba con Dios utilizando cuanto argumento llegaba a mi mente con tal que hiciera algo diferente de lo que estábamos viviendo día a día! Rogaba porque al abrir mis ojos ese opre-

> *Quebranto no solo tiene rostro de verdugo, ¡también tiene el rostro benevolente de una gran maestra!*

sor llamado quebranto hubiese desaparecido. ¡Anhelaba vehementemente colocarlo bajo mis pies y triturarlo, como si con eso el pudiera asimilar en sí mismo el dolor que causaba en otros! Al final de un día de fatiga interminable y negociaciones que parecían cada vez más infructuosas (al menos eso pensaba en aquel momento), me parecía escuchar a Annie compartir como el salmista este monólogo con Dios: <<*Ten misericordia de mí, oh, Dios, ten misericordia de mí; porque en Ti ha confiado mi alma, y en la sombra de tus alas me ampararé hasta que pasen los quebrantos*>> (Salmo 57:1). De esta manera, Annie bajaba el telón de la tragedia de su día en espera que de los labios del Señor se escapara una palabra que cambiara en baile su quebranto, mientras, yo me decía a mí mismo: ¡Esto va a pasar! *¡mañana no será igual que hoy, será mejor! ¡Sí, será mejor!*

CAPÍTULO III
UNA SOLA PALABRA

<< La palabra es mitad de quien la pronuncia, mitad de quien la escucha. >> (Michel Eyquem de Montaigne)

Una tarde, luego de Annie haber regresado de una de sus muchas hospitalizaciones, un amigo, (un poderoso hombre de Dios que compartía conmigo esa mañana en una actividad del Concilio al que pertenezco), me dijo: <<Quiero visitar a tu esposa>>. Él conocía la condición por la cual ella estaba atravesando, así que, le dije que no había problema. Este hombre era un profeta de Dios. Llamé a mi esposa y le dije: <<vas a recibir una visita que sé que será de mucho agrado para tí>>. No le mencioné su nombre porque deseaba sorprenderla. Pasadas unas horas este hombre de Dios llegó a nuestra casa. Al llegar le invité a pasar a nuestra recámara donde Annie se encontraba descansando. Al verlo, como era de esperarse, ella se alegró muchísimo. Luego de una reconfortante conversación en donde compartimos anécdotas de experiencias que habíamos compartido juntos y reírnos como usted no se puede imaginar, él decidió orar para finalizar su visita. Mientras este amigo oraba por nuestra familia, pude observar cómo su tono de voz y el contenido de su oración cambió completamente. En medio de su oración, se dirigió directamente a mi esposa y con una profunda reverencia le entrega una palabra profética de sanidad que nos hizo llorar a todos. Aquella palabra decía: Así te dice el Señor; <<***Eres una flor de particular aroma en mi jardín y Yo no me he olvidado de ti. Más pronto de lo que te imaginas te levantaré, sanaré lo quebrantado de tu cuerpo y quitaré tu dolor***>>.

¡Todo quedó en silencio! ¡Parecía como si el tiempo se hubiese detenido en aquella habitación! ¡Algo verdaderamente poderoso se estaba manifestando en aquel lugar que hizo que, en cada uno de los allí presentes se activara una esperanza! ¡Desde aquel momento, tanto Annie como nuestra familia, nos aferramos a esa palabra convencidos que había salido de los labios del Señor para traer paz a nuestra familia en medio del tiempo tormentoso que nos azotaba!

Después de aquella visita, transcurrieron siete años, durante los cuales vimos momentos en que parecía que habría recuperación y que veríamos el cumplimiento de aquella palabra. Pero también hubo momentos en los que creímos que todo estaba a punto de acabar. ¡Siete años en los cuales llegué a creer que merecía ser accionista del hospital debido a lo continuo y prolongado de las hospitalizaciones! No veíamos mejoría alguna, al contrario, continuábamos viendo cómo la perdíamos día a día sin poder hacer nada que no fuera creer en aquella palabra. *"Más pronto de lo que te imaginas te levantaré, sanaré lo quebrantado de tu cuerpo y quitaré tu dolor"*.

En cada visita realizada a la oficina de sus especialistas, escuchábamos la misma frase ¡Ana, Ana! ¿Qué vamos a hacer contigo? Así decían los médicos al verla llegar al consultorio, pero ella siempre les respondía con aquella sonrisa y sentido del humor que le caracterizaban:<<Esto va a pasar yo tengo una palabra de sanidad que Dios me ha entregado>>. ¡Era cierto! ¡No lo decía para sacarse los médicos de encima! ¡Ella creía genuinamente en que la palabra profética desatada sobre ella se había de cumplir! De hecho, debo anotar que Annie no solo era una mujer de fe inquebrantable, sino que poseía un excelente sentido del humor, que nos alegraba a todos. Solía hacer comentarios jocosos todo el tiempo, hasta de su propia condición.

Recuerdo un día en el consultorio de su doctora, ella había estado tomando altas dosis de cortisona para contrarrestar el daño que le causaba la Vasculitis. Su rostro, al igual que sus pómulos, estaban hinchados como reacción al medicamento. La doctora María Cardona, que era su médico de cabecera, le preguntó: ¿<<Cómo te sientes Ana?>> Ella, con ese sentido del humor que le caracterizaba le respondió: <<*Doctora, tengo cuerpo de tentación y cara de arrepentimiento*>> ¡Esa era Annie! ¡Una mujer que era capaz de reír y mantener el buen sentido del humor, aunque el quebranto la estuviera visitando!

Los años seguían pasando desde que aquella palabra fuera desatada. Durante esos siete años, mi familia y yo esperábamos el cumplimiento de aquella palabra. ¡Fueron años intensos, de mucha batalla espiritual durante los cuales oramos, ayunamos e hicimos todo lo que estaba a nuestro alcance para aportar a su proceso de sanación! ¡Pero nada pasaba! ¡Por el contrario! ¡Empeoraban! ¡Fue tan seria que, el 13 de noviembre de 2004, por primera vez durante todo el transcurso de su enfermedad, se requirió de una ambulancia para llevarla hasta el hospital! ¡Su estado era extremadamente delicado! ¡El dolor que experimentaba había aumentado de una forma inexplicable! Yo me sentía impotente ante su sufrimiento; era increíblemente doloroso ver al amor de toda mi vida sufriendo y sentir que no podía hacer nada.

Para complicar aún más la situación, no había disponibilidad de ambulancias en ninguna de las agencias a las cuales llamamos, ni de servicio público ni privado. ¡Aun el 911 no podía aligerar este proceso! Finalmente, después de muchos intentos, conseguimos que una ambulancia llegara hasta nuestra casa para poder trasladarla a un hospital. Cuando por fin llegó, comenzó la dolorosa experiencia de moverla de la cama en que se encontraba, a la camilla en la cual sería conducida a la ambulancia. ¡La agonía por la que tuvo que pasar en ese momento fue horrible, deshumanizante! ¡Todavía retumba el eco de su quejido en las paredes de la casa al ser transferida de la cama a la camilla! ¡Esa mañana aún permanece intacta en mi memoria! ¡Llovía copiosamente! Las calles, inundadas de agua, hacían difícil el transferirla de la casa a la ambulancia. Para poder hacerlo, los paramédicos tuvieron que cubrirla por completo con un plástico para que no se mojara. Al verla así, cubierta con ese plástico, tanto los paramédicos como nosotros, tuvimos el mismo pensamiento. ¡Era como si estuviéramos transportando un cadáver! Esta imagen quedó grabada en mi mente por mucho tiempo. ¡Aquel fue un día interminable y doloroso!

Al llegar al hospital, fue conducida al área de emergencia donde inmediatamente hicieron todo lo que estuvo a su alcance para estabilizarla. ¡Yo sujetaba su mano en todo momento! ¡No hubo personal médico que pudiera separarme de ella! Varias veces, durante la intervención de los médicos, se desmayó y yo contendía contra la muerte asido de su mano, sostenido por aquella palabra de sanidad declarada sobre ella. <<*Más pronto de lo que te imaginas te levantaré, sanaré lo quebrantado de tu cuerpo y quitaré tu dolor*>>. Mientras sostenía la mano de Annie con fuerza y me aferraba a aquella palabra, hubo un momento en que el internista que la estaba atendiendo, parecía reflejar en su rostro la frustración al ver que ninguno de sus esfuerzos lograba dar estabilidad a Annie. ¡De repente, ella lo tomó de las manos y le dijo; <<*Tranquilo yo tengo paz, si este es mi momento de partir, ¡yo estoy preparada*>>! Aquel doctor nunca olvidará aquellas palabras, ni yo tampoco. En medio de tan terrible dolor y cerca de la muerte, Annie me estaba dando una de sus últimas lecciones: <<Paz y seguridad ante la muerte>>. ¡Cómo olvidarlo! Posteriormente, aquel médico le dijo a su doctora de cabecera: <<nunca conocí a una mujer como esta>> y ella le respondió: <<Lo sé, Ana es una de esas mujeres que llegan a este mundo cada

mil años>>.

Después de un rato, el doctor me comunicó que era necesario pasarla al área de cuidados intensivos ya que, su condición empeoraba y allí le podían dar mejor atención. Me advirtió de los riesgos que podían ocurrir en las próximas horas y fue en ese preciso instante, cuando me hizo una pregunta que jamás habría esperado. <<Si fuera necesario entubar a Ana (conectarla a un equipo respiratorio) ¿cuál será su decisión?>>. ¡Qué pregunta más dolorosa! ¡No se trataba de enchufar o desenchufar un refrigerador! ¡Era como si además del sufrimiento por el cual estaba pasando, se me impusiera la responsabilidad de decidir si vive o no! ¡Y es que así somos los seres humanos! ¡Hemos sido adiestrados para adquirir, pero no para perder! ¡Se nos enseña a amar la vida, pero nadie nos enseña a enfrentar la muerte, algo que al momento de nuestro nacimiento se hace omnipresente para el resto de nuestra existencia! ¡Que absurdo! ¡Celebramos cumpleaños pensando que solo suman y olvidamos que, junto con la suma, está implícita la resta!

¡Cuántas cosas pasaron por mi mente antes de

tomar la decisión! ¡Pensé en el día en que la conocí, nuestro primer beso, las escapadas que realizábamos para vernos a escondidas como todos los enamorados, la noche en que Dios confirmó nuestro noviazgo, el día de nuestra boda, el nacimiento de nuestros hijos! Pensaba también en las conversaciones que sosteníamos en nuestra cama todas las noches antes de acostarnos, su jubilación y la mía, lo que haríamos juntos ahora que habría más tiempo. También pensé en nuestros hijos. ¿Cómo iban a recibir esta noticia, precisamente de los labios de su padre? Además de nuestros hijos, pensé en los padres y hermanos de Annie, ¿qué

¡Que absurdo! ¡Celebramos cumpleaños pensando que solo suman y olvidamos que, junto con la suma, está implícita la resta!

opinión tendrían de mí después de esta decisión? ¡Me identifiqué tanto con una artesanía de Don Quijote que tengo en mi oficina! En ella, Don Quijote aparece sobre su cabalgadura, sin sombrero, con la cabeza inclinada y mirando al suelo. Jinete y caballo, cansados y confundidos los dos, pero, Don Quijote siempre con su lanza apuntando a lo alto, sin dar tregua.

Después de analizar las cosas decidí que no fuera entubada. Recordé una tarde en nuestra habitación donde me decía: <<*no tengo miedo a la muerte, tengo paz, solo deseo que esto termine ya*>>. Mientras firmaba para no autorizar su entubación, me sentí como un criminal, ¡no se los niego! ¡Pensé que le negaba una oportunidad! Fue entonces cuando escuché su voz desde su habitación llamándome. Entre la oficina en que me encontraba firmando los papeles y la habitación en donde Annie estaba, había una distancia como de veinte pies. Al escuchar su voz llamándome corrí hacia ella y le dije: <<*Aquí estoy mamá*>>. Ella, se sentó en la cama y extendiendo sus brazos hacia mí, tomó mi rostro entre sus manos y me dijo: <<*Ven, dame un beso*>>. Una vez besó mi boca, quedó inconsciente otra vez. ¡Fue su aprobación a mi decisión! Sentí como si me hubiera dicho: <<Gracias por todo, amor mío. No me has negado nada, nos volveremos a encontrar>>.

Horas más tarde, frente a la puerta de la sala de cuidados intensivos de aquel hospital, mientras sujetaba su mano, sostenido por aquella palabra de sanidad que habíamos recibido, le dije: <<aquí te espero cuando salgas>>. Todo esto, aun cuando sabía que no me escuchaba.

¡Qué importante es saber que el momento malo no te tomará solo!

Al salir, me encontré en el pasillo del hospital con una gran cantidad de familiares y hermanos de la iglesia que estaban junto a nuestra familia apoyándonos en medio de esta experiencia dolorosa. Los contemplé con gratitud y emoción por tener la sensibilidad de acompañarnos en un momento tan difícil. ¡Qué importante es saber que el momento malo no te tomará solo! Nuestra iglesia siempre estuvo ligada a nosotros en el proceso, nunca nos dejaron sentir la soledad.

Hago un paréntesis en la narración de este evento para decir que, cuando somos cristianos, la iglesia juega un papel de gran importancia ya que, al convertirnos en parte del cuerpo de Cristo, tenemos la responsabilidad de velar porque todo el cuerpo esté sano. El cuerpo sana el cuerpo. Es una de esas formas que Jesús utiliza para estar con nosotros en nuestras necesidades, disfrazado de su iglesia. ¡Mi iglesia lo entendía bien! ¡Por eso estaba allí! En medio de esta experiencia de Koinonia, salimos juntos hacia el templo a hacer lo que mejor sabíamos hacer: orar. Allí estuvimos hasta las 12:30 de la madrugada de ese domingo.

Cuando iba de camino a la casa, recibí una llamada del área de intensivo del hospital para informarme que, requerían de mi presencia porque la condición de Annie había empeorado. Ante este sentido de urgencia nosotros (mi familia y yo), comprendimos que su momento había llegado. ¡Así mismo ocurrió! El 14 de noviembre de 2004, a la 1:15 de la madrugada, ¡Annie entraba a su nueva mansión! ¡Que mudanza tan sorpresiva! ¡Cómo cambia todo en un segundo! Horas antes, sostenía sus manos tibias; ahora estaba de pie, frente a un cadáver cuyas manos, frías e insensibles, ya no podían apretar las mías.

> *El cuerpo sana el cuerpo. Es una de esas formas que Jesús utiliza para estar con nosotros en nuestras necesidades, disfrazado de su iglesia.*

Mientras contemplaba el frío cuerpo de Annie con lágrimas en mis ojos, una persona, de las que nos había acompañado, me dijo: <<Ella ya no está ahí, este es solo el estuche, la verdadera Annie está en la presencia de Dios>>. La miré y pensé: ¡qué dolorosas suelen ser las palabras de consuelo en ocasiones! ¡Son como un bisturí que, en las manos de un cirujano puede salvar una vida, pero, en las manos de un inexperto son un arma mortal! ¿Cómo aceptar esa expresión en este momento, si todo cuanto había amado y por lo que había sufrido tanto tiempo, estaba representado precisamente en ese estuche? ¿Ante quién lloraría, con quién tendría ese último diálogo? ¡Fue ahí donde en carne propia, experimenté lo dañino que puede llegar a ser el consuelo a través de los labios de la religión! ¡Y es porque la inmensa mayoría de las respuestas de los religiosos no han sido dirigidas para traer consuelo al que sufre, sino para exculpar y justificar los actos de Dios! ¡Como si todo cuanto

> *¡Fue ahí donde en carne propia, experimenté lo dañino que puede llegar a ser el consuelo a través de los labios de la religión!*

nos sucede fuera el producto de una decisión de Dios, como si fuera necesario que Él respondiera por cada cosa que se nos ocurra imputarle!

Mientras estas inquietantes preguntas arañaban mi mente, escuchaba a otros comentar: <<Este fue el tiempo que Dios determinó para ella>>. Esa expresión me pareció tan chocante que me decía a mí mismo: ¿Acaso Dios tiene que valerse de una enfermedad tan horrible como la que vivió mi esposa, solo para cumplir con su agenda, o como diríamos en el lenguaje religioso, para cumplir con su propósito? ¿Dónde queda el Dios amoroso que se compadece del que sufre? ¡No me entiendan mal! Creo que, Dios lo sabe todo, pero no todo necesariamente está bajo su control. ¡Me explico! Decir que el tiempo de cualquier muerte es determinado por Dios, es admitir que el método utilizado también fue determinado por Él. Esto no representaría ningún problema si, para cumplir con el requisito de una hora, un día, en un mes de un año específico alguien tuviera que sufrir un infarto cardíaco, o un accidente fatal. ¡Moral, ética y religiosamente es aceptable! Pero, si en lugar de lo antes mencionado, la persona tomara un arma de fuego, una cuerda, un veneno para que ese requisito de tiempo se cumpliera, sería aceptar que el método lo determinó también Dios, lo cual no es cierto. Por tanto, intentar convencer a una persona que está atravesando un tiempo de sufrimiento por la muerte de alguien amado, sobre cuál método es mejor para morir, ¡es absurdo!

Y si todavía usted, querido lector, tiene dudas sobre lo que estoy tratando de explicar permítanme hacer las siguientes preguntas: ¿Habrá alguna forma de muerte que tenga sentido, o le de paz a las personas que pierden seres amados? ¿Cuál de todas las formas de morir llenaría sus expectativas de manera que, le llevaran a exclamar: ¡Esta sí es una muerte apropiada para él/ella? ¡No! ¡Eso no existe! ¡No hay una forma apropiada para morir! Todas son igual de dolorosas.

¡Ahora bien! Supongamos que no se trate de una pérdida por muerte sino de situaciones vividas en algunos momentos de su vida en las cuales usted se ha hecho miles de preguntas tal como lo hizo Job en el relato bíblico. S. Stuart Park en su libro

Desde el Torbellino, Job: Mas allá del sufrimiento humano[5] lo plantea de la siguiente manera: <<*¿Ha temido el lector la desaprobación de Dios? ¿Se ha sentido solo ante los conflictos irresolubles de su alma? ¿Ha anhelado alguna vez liberación y vindicación? ¿Ha luchado con el dilema de su propia conciencia ante los hechos imborrables de su vida? ¿Ha vacilado entre la voz de la razón y la insistente y equivoca voz de la duda? ¿Sabe distinguir entre la convicción de Dios y la implacable acusación del enemigo?*>> Interrogantes

¡No hay una forma apropiada para morir! Todas son igual de dolorosas.

como estas, surgen en muchas mentes y en muchos corazones de cristianos y no cristianos que, viven devastados por el dolor de encontrarse luchando con lo que consideran <<la injusticia de un Dios llamado a ser Justo>>. Este fue el dilema de Job y, su gran legado a la humanidad. Sin embargo, ni Job, ni las personas que se acercan a Él con preguntas semejantes, han sido rechazadas.

Yo sé, sin temor a equivocarme, que las palabras que estoy escribiendo aquí van a sonar fuertes

---

[5] S. Stuart Park, *Desde el Torbellino, Job: Más allá del sufrimiento humano* (Barcelona: Andamio, 1991). ix

para algunos de los religiosos que puedan leer este libro. ¡No los juzgo ni los culpo! Así nos han enseñado en nuestras iglesias. Pretendemos sublimar y espiritualizar todas las experiencias que vivimos para no aceptar nuestra fragilidad ante el dolor y el sufrimiento que nos toca enfrentar. ¡De hecho, fui testigo de esto! Personas que habían visto el proceso doloroso por el cual mi familia y yo atravesamos después de la muerte de Annie, se acercaban a nosotros tratando de consolarnos diciendo: <<ya ella no sufre>>. ¡Y sí, es correcto! Ya ella no sufre, pero parece que fuera correcto pensar que al dejar ella de sufrir, finalizó el sufrimiento para todos. Como si fuera el final de una obra y de repente, el telón cerrara para todos. ¡Pero no, no es así! Es aquí donde inicia lo que yo llamo <<el capítulo improvisado de la obra>>, el que nadie dirige y en el que todos actúan movidos por sus propias versiones. El más largo, porque cada participante decide cuándo debe terminar.

En esta gran obra llamada vida, Annie terminó su parte, pero todos cuantos conocían de aquella palabra profética quedaron consternados, turbados y se preguntaban ¿Qué ocurrió? ¿Acaso Dios no había dicho que la sanaría y que la levantaría? Pero nadie me hizo ningún acercamiento por no añadir más peso a mi carga. Por largos meses guardé silencio para no cometer ninguna imprudencia. Como todo <<buen cristiano>>, mi mayor preocupación era sacar absuelto a Dios de todo este aparente embrollo. Cuidaba que no estuviera yo cuestionando a Dios por su decisión (si es que fue Él quien realmente lo decidió) de llevarse a Annie.

¡Fueron horas interminables! Mañanas en las que el sol parecía negarse a salir, y en las que me preguntaba y le preguntaba a Dios: ¿Qué sentido tuvo su muerte? ¿De qué manera obtienes gloria en este asunto? ¿No te parece que su sanidad hubiera sido de mayor bendición para el Reino? ¡Cuántos médicos que, conociendo de forma científica lo devastador de esta enfermedad, te habrían aceptado! ¡Cuántas mujeres habrían llegado a tus caminos impactadas por un testimonio de sanidad tan impresionante! Me preguntaba insistentemente, si esa palabra profética vino o no realmente de Él. ¡Créanme! Al escribir estas letras puedo percibir las respuestas de cada uno de ustedes a las preguntas aquí planteadas. Algunos estarán diciendo en este momento ¡claro que no pudo provenir de Dios, basta con saber que no sanó y que finalmente murió de su enfermedad! Pero para mí y para la familia, no fue tan fácil llegar a nuestra propia conclusión.

Dos años después de su muerte, todavía albergaba dudas si fue Dios o no, quien entregó esta palabra al profeta para mi amada. Creo en la buena intención del profeta, pero he llegado a la conclusión de que no siempre el profeta habla el oráculo de Dios. A veces el profeta trae una palabra amparándose en lo que piensa que es el *deseo de Dios*, pero no necesariamente la *realidad de Dios*. Una cosa es su deseo, otra su designio, su realidad. Para poder explicar este pensamiento quisiera llevarlos al relato de 2 Samuel 7:1-3.

En este famoso pasaje de la Escritura se ve claramente al profeta Natán ministrando en lo que él cree es el deseo de Dios y declara una palabra al rey en nombre de Jehová. Notemos que, David le manifiesta su deseo de construirle casa a Jehová a lo cual el profeta le declara lo que él cree es el deseo de Dios: <<*Haga su majestad lo que su corazón le dicte, pues el Señor está con usted*>> pero el profeta no estaba en lo correcto. ¿Habría maldad en el corazón del profeta? ¿No había ayunado lo suficiente? ¿Se habría apartado el Espíritu de Dios de la vida del profeta? ¡Creo que no! Esa misma noche Dios lo corrigió (2 Samuel 7:4-5) **La realidad de Dios** estaba clara, aunque no para el profeta. Sería Salomón y no David, quien habría de construir el templo. Natán, como profeta de Dios, fue responsable con su ministerio reconociendo su error, presentándose ante el rey David para decirle la realidad de Dios para él, y para su hijo Salomón.

Lo vivido por el rey David con el profeta Natán trajo a mi memoria una experiencia que Annie y yo vivimos en las postrimerías del año 1972, cuando aún éramos novios. Nuestra iglesia acostumbraba a celebrar campañas de oración durante un mes. Una de esas noches, al finalizar la oración, se me acercó un anciano de la iglesia a quien todos conocíamos por su don profético y me dijo <<*Busca tu novia tengo una palabra de Dios para ustedes*>> así que, busqué a Annie de inmediato y nos dirigimos hacia él. Nos dio la palabra, oró por nosotros y se fue. Nuestra interpretación del mensaje fue, <<*Dios no aprueba nuestro noviazgo*>>.

Aquella noche fue horrible para los dos. Lloramos hasta el amanecer, preguntándole a Dios ¿Por qué esto? ¿Por qué a nosotros? Alterqué con Dios toda la noche. Le dije: <<*¿Cómo, esperas a que esto llegue a tal profundidad y luego te apareces sin ningún aviso previo a terminar con todo?*>>. Peleé hasta que el sueño me venció. Me desperté con el corazón en vilo pensando en qué pasaría. ¿Cómo terminaría todo, ahora, cuando Dios aparentemente había hablado?

¡Pero la noche llegó! La campaña de oración no había acabado. Esa noche después de finalizada la oración, el profeta se me acercó nuevamente y me dijo las mismas palabras: <<*Busca tu novia tengo una palabra de Dios para ustedes*>>. Yo pensé, hasta aquí llegó el hijo de Doña Rosa. ¡Mi corazón se angustió aún más! Busqué a Annie y le comuniqué lo que estaba pasando. Su mirada se desvaneció; era como si el alma se le hubiera escapado del cuerpo. ¡Pero esta vez fue distinto! El profeta comenzó diciéndonos: <<Anoche en mi casa, mientras oraba para acostarme, el Señor me dijo: <<*dejaste en confusión a mis hijos. Ve y diles que me agrado de su noviazgo y que apruebo su matrimonio solo que anhelo siempre ser el primero*>>. De esta manera Dios corrigió al profeta y el profeta fue responsable con su encargo. ¡Aleluya!

¡No pretendo lastimar la sensibilidad de nadie, mucho menos ensombrecer el ministerio profético por el cual siento tanto respeto y a través del cual he sido profundamente ministrado! Pero creo, con todo mi corazón que, muchas de las profecías que son traídas a nuestras iglesias, son presentadas en lo que el profeta cree que es el deseo de Dios y no la realidad de Dios. Creo que, muchas personas han sido seriamente afectadas en su fe habiendo recibido una intervención <<profética>>. Familias han sido afectadas, matrimonios han terminado separados, e iglesias han sido devastadas por <<una palabra profética>>. Pienso que debe haber más responsabilidad en el profeta, o en cualquier otro(a), al momento de traer una palabra en el carácter profético, puesto que la misma puede traer bendición o confusión, según sea el caso. Dicho esto, aclaro que está lejos de mi el contender teológicamente con nadie sobre el punto que acabo de presentar. Tampoco quiero hacer de esto una teología. Es simplemente mi reflexión sobre una experiencia que marcó mi vida y que quise compartir con ustedes.

Llegado a este punto, es posible que muchos de los que conocen nuestra historia, todavía se estén haciendo la pregunta: ¿Fue de Dios o no fue de Dios aquella palabra? No voy a entrar en esas consideraciones, porque cada persona tiene derecho a juzgar desde su experiencia. Sin embargo, creo que la pregunta debe ser reformulada de la siguiente manera: ¿Qué hubiera sido de nosotros sin esa palabra? ¿Hubiéramos desmayado? ¿Nos hubiéramos rebelado contra Dios? ¡Francamente no lo sé!

Lo que les puedo decir con certeza es que, 15 años atrás, mi familia y yo creímos con todo nuestro corazón que aquella palabra había salido directamente de la boca de Dios para nosotros.

Durante los siete años que duró la enfermedad de Annie, nuestra fe en el Señor convirtió esa palabra en algo vital para que nosotros pudiéramos soportar el proceso. ¡Cuando nada parecía calmar el dolor, allí estaba esa palabra! ¡Cuando llegaban los resultados de los nuevos laboratorios y luego de una larga espera eran más demoledores que los anteriores, nuestra fe descansaba en el Señor que tiene el poder para hacer realidad esa palabra! ¡Cuando llegábamos a la próxima cita para ver un rostro abrumado a causa de la mala noticia que nos tenía, allí estaba nuestra fe descansando en el Señor de esa palabra!

> *¡Cuando nada parecía calmar el dolor, allí estaba esa palabra!*

¡Cuántas horas de consuelo, cuánta fortaleza derivada de una palabra! Esa palabra fue para Annie, para mí y la familia lo que para Moisés su vara; un apoyo durante nuestra larga travesía por el desierto. Como decía Teilhard de Chardin: <<*Para los que buscan a Dios no todo es inmediatamente bueno, pero todo es susceptible de llegar a ser bueno*>>[6]. En nuestro caso fue lo suficiente susceptible hasta el punto de llegar a ser algo bueno para nosotros. ¡Que, si era de Dios, que, si no era de Dios, que importaba! ¡Estábamos seguros de que, fueron retomadas por Él! Quince años después de la muerte de mi esposa, habiendo tenido tiempo para reflexionar sobre todo esto, pienso que Dios es Soberano, que no todas las oraciones Dios las contesta como declaramos, deseamos o esperamos. Si le place sanar lo hará, si dispone cerrar

Esa palabra fue para Annie, para mí y la familia lo que para Moisés su vara; un apoyo durante nuestra larga travesía por el desierto.

el libro, lo hará. En este peregrinaje he aprendido que no he sido el único que ha perdido algo o a alguien amado en la vida, pero en medio de la crisis también he podido ver que Dios no desampara a nadie, ni siquiera cuando la palabra que te dieron pareciera no haber salido de Él.

A partir de esta experiencia, mi fe en el Señor se hizo más fuerte, madura y racional que nunca. No la mueve ni aún aquellas cosas que a mi mente no le hacen sentido. He aprendido que Dios puede cambiar nuestro panorama favorablemente y ayu-

---

[6] Yunior Andrés Castillo Silverio, "Aspectos espirituales y religiosos del duelo por la muerte de un ser querido," Monografias.com, accessed August 26, 2019, https://www.monografias.com/trabajos107/aspectos-espirituales-y-religiosos-del-duelo-muerte-ser-querido/aspectos-espirituales-y-religiosos-del-duelo-muerte-ser-querido.shtml.

darnos a retomar los tiempos para usarlos a nuestro favor, solo así se me hace comprensible aquello que experimento el escritor bíblico y que le hizo exclamar: <<¡toda obra para bien!>>

Hoy, cuando escribo estas líneas y traigo a mi memoria esta historia, me maravillo al pensar cómo Dios sostuvo a Annie durante esos siete años. La ciencia dice que el tiempo de vida para una persona adulta que padezca este tipo de enfermedad tan agresiva (como en su caso) es de un par de años. ¡Annie se mantuvo viva, no existiendo, sino viviendo por siete años y agradecida de cada día de vida que disfrutó! Todos los que vivieron este tiempo junto a nosotros saben que no exagero. ¡La enfermedad consumió su cuerpo, pero, nunca tocó su espíritu! Nunca he visto una persona que celebrará tanto la vida estando tan cerca de la muerte ¡Y todo, gracias a esa

En este peregrinaje he aprendido que no he sido el único que ha perdido algo o a alguien amado en la vida, pero en medio de la crisis también he podido ver que Dios no desampara a nadie, ni siquiera cuando la palabra que te dieron pareciera no haber salido de Él.

palabra dada por Dios!

¡Los años pasaron! Annie se fue a las mansiones celestiales y yo...yo me quedé llevando conmigo una especie de álbum con todos los recuerdos y las emociones que vivimos juntos! Y mientras esto acontecía me preguntaba: ¿Qué hago con todas estas fotos? ¿Cómo me preparo para continuar el resto de mi vida cargando este álbum sin que me destruyan los recuerdos?

¡La enfermedad consumió su cuerpo, pero, nunca tocó su espíritu!

¡Francamente, no lo sé! Lo que sí puedo decir es que sabiendo quién es Dios y cómo actúa, tendrá cuidado de mi como siempre lo ha hecho. Confiado en esa fidelidad y cuidado me atrevía a seguir confesando: Mañana no será igual, ¡será mejor!

Capítulo IV
¿Qué hago con
tantas fotos?

<<*Cuando cambias la forma de ver las cosas, la forma de las cosas cambia*>>. *Fritoj Capra*

Las palabras que nosotros escuchamos tienen la capacidad de crear imágenes. Ellas solo pueden recrear lo que ya ha sido concebido en ese continuo torbellino de actividad en el que se encuentra nuestra mente. Este dato es muy relevante, porque, aunque nuestra boca permanezca cerrada, por diseño, ya sea consciente o inconsciente, la mente siempre está hablando. ¡Pero, hay ocasiones en que el silencio se convierte en un gran pintor que continuamente traza imágenes en sus lienzos, hasta convertirlas en una gran obra de arte! Salomón decía en el libro de Eclesiastés 2:23b: <<*Ni siquiera de noche descansa su mente*>>. Lo que quiero decir es que, podremos crear tantas imágenes y elaborar tantas escenas como pensamientos puedan venir a nuestra mente. Esto a su vez, mantendrá alerta nuestra memoria.

¡La memoria es algo maravilloso! ¡Nadie puede escapar de su memoria! Mientras esté saludable, ella te llevará continuamente a revivir tanto las vivencias buenas, como las menos agradables de tu existencia. Y esto es así, << ¡porque está diseñada para que tengamos en mente un sentido del pasado, que nos permita vivir el presente y planificar el futuro>>![7]

La memoria como dirían Jo Iddon y Huw Williams, <<*trae consigo una serie de experiencias, ya sean gratificantes o dolorosas y todas ellas producto de nuestras vivencias. Los pensamientos, los sueños, las acciones, listas interminables de nombres y rostros, olores, sabores y colores, nuestras acciones y sentimientos, y muchos otros elementos que se introducen en nuestra conciencia a través del recuerdo.*>> [8]

Por eso, lo que realmente activa nuestra memoria es el conocimiento, la motivación personal que ten-

---

[7] Jo Iddon and Huw Williams, *Cómo Entrenar La Memoria* (Barcelona: Editorial Paidotribo, 2004), 11.

[8] Iddon and Williams, 11.

gamos y el significado que tengan las cosas para nosotros. Estas tres cosas son las que nos asisten al momento de dar significado al recuerdo. Esto fue lo que ocurrió conmigo.

Desde la partida de Annie, mi mente se aferraba a los recuerdos. ¡No había un solo instante en que cualquier cosa evocara su recuerdo! ¡El olor de su perfume, el sonido de su risa, su sentido del humor permanecía vivo en mí, como si ella no se hubiera ido! ¡Miles de imágenes permanecían intactas en mi memoria sin que pudiera hacer nada para evitarlo! Me di cuenta de que, estas fotos se presentaban cada vez más frecuentes porque, inconscientemente, creía que, mientras más de ella recordaba, menos posibilidades había de que la olvidara. ¡Hubo ocasiones en que llegué a pensar que mi mente no me hacía caso! ¡Me encontré con pensamientos que batallaban tenazmente contra mí! Se aparecían frecuentemente sin yo provocarlos, y se aferraban de manera que me era difícil experimentar nuevamente la calma. ¡Comencé a darme cuenta de que, cuanto más me esforzaba por hacerlos desaparecer de mi mente, más se aferraban, tomaban más fuerza, se hacían inamovibles!

¡Pero esto no me ocurrirá solo a mí! Mi familia también comenzó a tener experiencias dolorosas con su galería de fotos. ¡En cada experiencia compartida como familia, las fotos se volvían reales en cada una de sus mentes! Comprendí que ellos, al igual que yo, también estaban viviendo un proceso duro. ¡Tambien ellos estaban batallando con su álbum de fotos! Posiblemente las fotos que mi familia cargaba en su álbum eran similares a las mías, pero muchas eran diferentes. ¡Ellos vivieron experiencias como hijos o como nietos, que yo no compartí! ¡Pero, eran igualmente importantes!¡Y creo que este punto es importante resaltarlo!

Comprendí que ellos, al igual que yo, también estaban viviendo un proceso duro. ¡Tambien ellos estaban batallando con su álbum de fotos!

La mayor parte de las veces, cuando muere un esposo o una esposa, las personas solo buscan dar consuelo al viudo o a la viuda olvidándose de los hijos y nietos. Pareciera como si solo él o ella, sintieran la pérdida. ¡Como si todo el dolor y el sufrimiento se volcara sobre ellos y nadie más lo sintiera! ¡No! ¡La familia es un sistema! Todo lo que acontece dentro de ella afecta a todos sus componentes. ¿Por qué entonces no tomamos el tiempo para mirar cómo sienten los hijos y los nietos si es que los hay? ¡Mas aun! ¡No podemos olvidar a la familia extendida que, también guarda un álbum de fotos compuesto por vivencias

> *¿Por qué entonces no tomamos el tiempo para mirar cómo sienten los hijos y los nietos si es que los hay?*

que un tiempo atrás compartió con aquel o aquella que ya no está, no importa hayan sido gratificantes o no! Esas fotos, o pequeños videos, muchas veces se activan en ellos de manera inconsciente, provocando dolor. Pero, a ellos, después de pasado el funeral del ser amado, ¡nadie les llama, nadie les pregunta cómo se sienten! ¡Es como si solo el viudo o la viuda, fueran los únicos afectados!

Esto me hace reflexionar en cuánta falta hace el ministerio del acompañamiento y de la solidaridad en los momentos de pérdida. ¡Cuánta falta hace que de vez en cuando, al hablar de la dolorosa ex-

---

[9] Joba es un nombre inventado por una amiga y hermana que nos hizo conscientes sobre la poca atención que le brindamos a las esposas cuando hay esposos enfermos al que deben cuidar.

periencia de Job, nos acordemos de <<Joba>>[9], la esposa de Job cuyo nombre en la Biblia ni siquiera es registrado. ¡Solo la mencionamos para llamarla "fatua" porque en un momento de dolor expresó su incomodidad con su Creador ante la crisis que vivía su familia!

¡Cuánta falta hace que de vez en cuando, al hablar de la dolorosa experiencia de Job, nos acordemos de <<Joba>>, la esposa de Job cuyo nombre en la Biblia ni siquiera es registrado. ¡Solo la mencionamos para llamarla "fatua" porque en un momento de dolor expresó su incomodidad con su Creador ante la crisis que vivía su familia!

Es menester que aprendamos a ser sensibles ante el sufrimiento de la familia que sufre una pérdida. Si ella no es atendida con el debido amor y solidaridad que merece, ponemos en riesgo su salud espiritual y también emocional. ¡Créanme! ¡Sé de lo que estoy hablando! ¡Después de mucha lucha con mis recuerdos, llegué a la conclusión de que, tratar de olvidar el pasado es imposible! ¡Entendí que nuestros recuerdos son las notas que hemos tomado de nuestra vida y que, deshacernos de ellos sería como echar por la borda las experiencias de toda una vida! Y al hacerlo comenzaríamos a preguntarnos, ¿Qué aprendí durante todo este tiempo? A fin de cuentas ¿Quién soy, si no conservo evidencias de que existí? ¡Querer olvidar en realidad es, admitir que nunca hemos vivido! ¡Fuimos diseñados por Dios para funcionar de esa forma, es como si se tratara de una advertencia divina; <<prohibido olvidar>>!

¿Qué debemos hacer entonces? ¿Cómo no olvidar lo que hemos vivido sin que resulte doloroso para nosotros? Durante mi proceso, aprendí a manejar los recuerdos cambiándole el sentido original a la sensación que me provocó originalmente. ¡Sí! Debemos aprender a manejar las sensaciones que acompañan nuestros pensamientos (memoria) e ir dándole otro sentido, sobre todo, a esas sensaciones de culpa que nos lastiman tanto. Si tenemos una imagen y le damos un significado

¡Entendí que nuestros recuerdos son las notas que hemos tomado de nuestra vida y que, deshacernos de ellos sería como echar por la borda las experiencias de toda una vida!

negativo, nos va a producir sensaciones negativas. Esto es así, porque nuestras emociones siempre le harán caso a lo que diga la mente. Comenzamos a pensar: <<soy un mal hombre, una mala hija o un mal hijo, por mi culpa paso esto. Si yo hubiera actuado de X, o Y forma, estaría viva/o, lo cual no es verdad.>> ¡El resultado de esta acción es el autocastigo!

Para corregir esto, es muy necesario e importante un cambio de mente o la forma en que manejamos nuestros pensamientos. Es importante que entendamos este proceso. Cuando nos sucede un evento ya sea gratificante o no, lo registramos inmediatamente en nuestra memoria. Es interesante que la imagen que guardamos en la memoria no va sola, sino que es guardada junto con una sensación. Esto implica que al momento de extraer de los recuerdos la imagen de un evento determinado, también se extrae la sensación que se experimentó al momento de ocurrir.

En mi caso, cada vez que entraba a un centro comercial que anteriormente había visitado con Annie, llegaba a mi mente la imagen y la sensación de aquel momento. ¡Me parecía escucharla indicándome hacia qué lugar debía dirigir la silla de ruedas en que la transportaba! ¡Podía percibir expresiones que había hecho en aquel lugar en algún momento ¡Venían a mi mente de forma que pareciera que mis oídos realmente las estaban escuchando! ¡Era una sensación tan fuerte que tuve que salir corriendo de la tienda hacia el pasillo, hiperventilando y con mis mejillas empapadas en lágrimas!

En otras ocasiones, me vi obligado a abandonar la mesa en un Restaurante que frecuentábamos, porque cuando la empleada colocaba el cubierto extra en mi mesa, sentía que ella estaba en el baño y que de un momento a otro llegaría para ocupar su lugar y continuar con aquel diálogo que ya se había iniciado en mi mente. ¡Y esto era tan real, que no se podía soportar! Me preguntaba ¿Qué debo hacer para manejar este dolor que me producen mis recuerdos? ¡Día tras día se repetía lo mismo! Diferentes lugares, diferentes detonadores hacían que se activara la situación. Desde una melodía sonando en la radio hasta una silla de ruedas vacía u ocupada me la recordaba.

En una ocasión, me encontré persiguiendo por todo el centro comercial a alguien cuyo físico se parecía al de ella solo por la añoranza de verla una vez más. ¡Dios cuánto dolor y a la vez cuánta alegría! ¡Me sentía atrapado! La realidad era que no podía escapar de mis vivencias y lo acepté. Lo que no estaba dispuesto era a seguir sufriendo y decidí hacer algo para cambiar. Intenté sanar usando muchos métodos, pero todos fracasaron porque consistían en cancelar todas las fotos que reaparecían. ¡Esto aconteció así hasta que me convencí de que nunca acabaría con ese álbum! ¡No me había percatado de que, inconscientemente, me había convertido en el fotógrafo y álbum de mi propia vida! ¡Acabar con el álbum sería también acabar con el fotógrafo y eso no sería posible!

Fue entonces cuando comprendí que no hay que destruir los recuerdos, que sin ellos la vida no tiene sentido. Esa es la razón por la que los conservamos. ¡Por eso no podemos despojarnos de ellos, pero sí podemos darles una nueva interpretación, un nuevo sentido! Es como reasignarle una nueva sensación a la imagen al momento de volverla a guardar. Es cambiar el valor que le diste a esa experiencia, reemplazando una experiencia de dolor por una de paz. Hasta aquí todo suena bien, pero ¿Cómo se hace eso? La decisión no fue sencilla, pero resolví que tenía que hacerlo. Así que, me hice el reto de cambiar el sentido que acompañaban a cada uno de los recuerdos que venían a mi mente.

¡No me había percatado de que, inconscientemente, me había convertido en el fotógrafo y álbum de mi propia vida! ¡Acabar con el álbum sería también acabar con el fotógrafo y eso no sería posible!

Comencé por disciplinar mi mente. Estaba convencido que de ahí provenía todo. Me dediqué a la lectura y encontré que los hábitos son la manera más palpable, más real de cómo se expresa nuestra mente. Me gusta la forma en que lo describe Jack Canfield cuando expresa: <<*Un hábito es algo que realizamos muy a menudo y se vuelve tan fácil, que finalmente lo hacemos sin pensar*>>. [10]

El Apóstol Pablo en Romanos 12: 2 habla de la necesidad de una transformación por medio la

---

[10] Jack Canfield, *El poder de mantenerse enfocado: Cómo dar en el blanco financiero, personal y de negocios con absoluta certeza* (Deerfield, FL: HCI Espanol, 2004), 4.

renovación del entendimiento. ¡Comprendí que, el entendimiento solo podía ser renovado, eliminando de nuestra mente todo mal hábito para dar paso a nuevos hábitos! Si quería dar pasos hacia mi sanidad, tenía que cambiar mi mentalidad. Y para cambiar mis malos hábitos, era necesario poder reconocerlos. ¡Pues bien! Esto es lo que haría a partir de este momento. Me dedicaría a estudiar mis hábitos. ¿Y saben qué? Me percaté de cuántos tenía y cuan terribles eran. Me di cuenta de que, al sentirme ansioso, corría al centro comercial. Estando allí después de un tiempo comenzaba a preguntarme

¿Qué hago aquí y a estas horas? ¿Qué me mueve a llegar aquí? ¿Por qué siempre que me siento así acudo a este lugar? La razón era simple (ahora lo puedo decir, pero no en aquellos tiempos) quería encontrarme con lo "inencontrable" buscaba lo que sin duda no volvería ver.

Observé que, cuando me sentía melancólico o nostálgico, iba al cementerio y allí sentado al lado de su tumba pasaba gran cantidad de tiempo. ¡Me repetía las mismas preguntas también! ¡Mi deseo allí era escuchar a Dios contestando mis interrogantes, pero lo hacía como si estuviera conversando con ella!

Mi proceso no fue fácil. El hecho de ser un pastor con mucha experiencia no garantizaba todas las respuestas. Eran muchas las fotos (recuerdos) que guardaba en mi memoria y ¡créanme nadie olvida! Las podrás colocar en otro espacio de tu cerebro para dar lugar a los nuevos pensamientos que comienzan su aterrizaje, pero siguen ahí, husmeando por las ventanas de tu mente, esperando el momento oportuno para manifestarse. ¡Cambiar los hábitos, no es nada fácil!

Si quería dar pasos hacia mi sanidad, tenía que cambiar mi mentalidad. Y para cambiar mis malos hábitos, era necesario poder reconocerlos.

Los años subsiguientes a la muerte de mi esposa, me dediqué a cambiar los malos hábitos que estaban enraizados en mi mente, sustituyéndolos por hábitos mejores. Estaba convencido de que solo así, podría estar listo para la nueva jornada que me tocaba emprender. ¡Anhelaba tanto comenzar esa nueva jornada! ¡Necesitaba estar bien seguro de donde estaba y hacia donde me dirigía!

Estaba consciente de que, para poder entrar a esa nueva temporada, tendría que cerrar muchas puertas y abrir otras. Para entrar necesitas disciplinar tu mente, cambiar esos hábitos que te mantienen visitando tu pasado y que no te dejan avanzar. Es una nueva temporada que requiere despojarse de todo lo viejo. ¡Y el precio de todo lo nuevo, es lo viejo!

Es una nueva temporada que requiere despojarse de todo lo viejo. ¡Y el precio de todo lo nuevo, es lo viejo!

Podía percibir que ese nuevo tiempo, sería mejor. ¡No estaba seguro de cómo sucedería, pero tenía la certeza de que algo nuevo ocurriría! Podía visualizar que la tierra que estaba a punto de conquistar no admitía personas enfermas, sino sanas. Estaba aproximándome al tiempo de restauración que tanto había anhelado. Un cielo y una tierra nuevos me esperaban.

Con esto en mente, decidí dedicarme a sanar para que, en la próxima temporada, nada detuviera los planes que Dios tenía para mí. ¡Con los ojos puestos en el Autor y Consumador de la fe me dirigí hacia el porvenir confiado en que, mañana no sería igual que hoy, ¡será mejor!

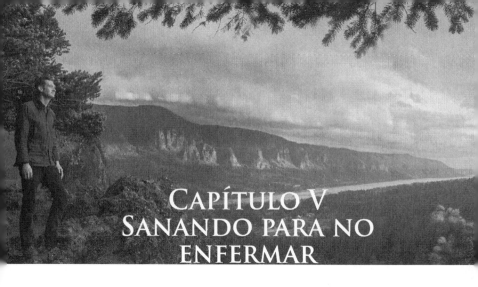

CAPÍTULO V
SANANDO PARA NO
ENFERMAR

<<*Amurallar el propio sufrimiento es arriesgarte a que te devore desde el interior*>>. *Frida Khalo*

<<Una excelente terapia procederá de una buena teología>>. Esta frase acuñada por el Pastor y Profesor David Valentín significa que, cual sea la expectativa que tengas de la vida o de la muerte, así será de efectiva la terapia. Dependerá de cuáles son tus orígenes y tu educación sobre este asunto.

Séneca, filósofo Romano desarrolló la idea de que una actitud sana ante la muerte conduce a valorar la vida. Él nos plantea lo siguiente <<*estoy preparado para marcharme y por eso disfrutaré de la vida*>> Señala además Séneca y cito que, <<*Una justa estimación de lo que es la vida nos conduciría al sereno desprendimiento de ella, y a no apegarnos a lo que tenemos prestado". De ese modo no existiría ni el aburrimiento o desgane que produce lo que no aporta ningún interés de la vida, ni el miedo a la muerte.*>>[11]

Los cristianos aprendemos a manejar un poquito mejor la muerte porque la vemos desde la perspectiva de Jesucristo. Cuando estudiamos los Evangelios, nos encontramos que la vida no termina. La Biblia habla de eternidad (vida después de la muerte) y esto, por sí mismo, disminuye el impacto de la pérdida. Lo que quiero decir es que, desde la perspectiva de los Evangelios no hay una pérdida real porque cuando esa persona muere, es trasladada a otro lugar en el cual descansa, hasta el momento de la resurrección cuando, le volveremos a ver. ¡Y en ese sentido, la pérdida, para el cristiano, implica esperanza! ¡Y la esperanza, como dice la Escritura, no avergüenza! (no defrauda)

¡Sin embargo, el hecho de que, como creyentes contemos con la esperanza de que nuestros seres amados serán resucitados, no implica que no sintamos dolor por la pérdida de ellos! De hecho, he

[11] Yunior Andrés Castillo Silverio, "Aspectos espirituales y religiosos del duelo por la muerte de un ser querido," Monografias.com, accessed August 26, 2019, https://www.monografias.com/trabajos107/aspectos-espirituales-y-religiosos-del-duelo-muerte-ser-querido/aspectos-espirituales-y-religiosos-del-duelo-muerte-ser-querido.shtml.

encontrado que uno de los problemas que la Iglesia ha confrontado a lo largo de su historia, es el no dar un lugar para procesar el dolor. Esto es totalmente contrario a la doctrina bíblica de la creación de la humanidad. Cuando Dios creó la raza humana, no hizo medio dioses. ¡Hizo seres humanos! Y <<ser humano>> implica que padecemos, nos dolemos, nos reímos y también lloramos.

> *¡Era el momento de abrir la puerta para que el consuelo llegara a mi rescate disfrazado de iglesia, a la que tanto yo había consolado!*

¡Seamos o no cristianos, el dolor, la tribulación, la angustia y otras emociones derivadas, forman parte de nuestra esencia! Entonces, ¿Por qué no dejarlos salir cuando llega el momento?

¡La respuesta es sencilla! Nos han enseñado que como creyentes <<somos más que vencedores>> o, <<que todo lo podemos en Cristo que nos fortalece>> y ¡ciertamente es así! ¡Dios promete consuelo y compañía cuando atravesamos momentos difíciles! Pero, eso no implica que, si manifestamos nuestro dolor ante situaciones difíciles, como la pérdida de un ser amado, estemos negando nuestra

> *Nosotros también tenemos nuestras propias armaduras y que estas solo sirven para distanciarnos de nuestra realidad, incluso del verdadero consuelo.*

fe o invalidando la palabra del Señor. ¡Por el contrario! Hacerlo, nos mantiene con los pies sobre la tierra, nos conecta con nuestra fragilidad como seres humanos y nos hace saber que, necesitamos la fortaleza que solo Dios nos puede dar. Sé, por experiencia, que hay muchos cristianos y muchas cristianas que pretenden ver las personas como super héroes o super heroínas en cuanto a la expresión de su dolor. Tuve que lidiar con uno de ellos durante el velatorio de mi esposa. Este hombre que llevaba mucho tiempo sirviendo al Señor, se acercó a mí y me dijo con mucho respeto al oído: <<Pastor, debe tener mucho control ahora, sea fuerte, si usted se derrumba en este momento toda la iglesia se derrumbará juntamente con usted>>. ¡Era como si me dijera, <<sufre tu solito, nadie más tiene porque afectarse con lo que

> *¡Qué terrible debe ser vivir acorazado! Sin poder sentir, sin dar lugar a las emociones con las que Dios nos equipó.*

estás atravesando>>! Me volví hacia él y le miré. Por un instante, intenté creer en lo que me dijo. Pero necesité muy poco tiempo para entender que quien estaba de luto era yo, que era precisamente yo, quien necesitaba ser consolado y pastoreado por ellos. ¡Era el momento de abrir la puerta para que el consuelo llegara a mi rescate disfrazado de iglesia, a la que tanto yo había consolado!

He observado en muchas ocasiones cómo líderes y pastores cometemos el grave error de ocultar nuestra fragilidad a la Iglesia y a quienes nos rodean. Y esto, más que traer una enseñanza a quienes están en nuestro entorno, crea la falsa idea de que no necesitamos ser consolados, que todo está bajo control, que no hemos sufrido tanto daño como parecía. Se asemeja a una fábula escrita por el humorista Robert Fisher, en su libro <<El caballero de la Armadura Oxidada>>[12], donde el caballero se enamoró a tal grado de su armadura, que comenzó a ponér-

¡No podemos mutilar el modelo original! Después de todo, Dios nos llamó a ser simplemente eso, ¡humanos!

---

[12] Robert Fisher, *El Caballero de La Armadura Oxidada* (Barcelona: Obelisco, Ediciones S.A., 2005).

sela para cenar, y a menudo para dormir. Luego de un tiempo, ya no se tomaba la molestia de quitársela para nada. ¡Y así, poco a poco su familia fue olvidando que aspecto tenía sin ella! ¡Su armadura se fue amalgamando a su persona!

Creo, con todo mi corazón, que nosotros también tenemos nuestras propias armaduras y que estas solo sirven para distanciarnos de nuestra realidad, incluso del verdadero consuelo. ¡Innumerables veces la esposa del Caballero de la fábula que acabamos de utilizar, era atropellada y lastimada por el contacto con esa armadura cuando trataba de consolarlo o proveerle alimento! ¡Cuántas veces sin darnos cuenta, lastimamos y atropellamos a los nuestros cuando nos le acercamos, queriendo conservar nuestra armadura de religiosidad! ¡Que ironía! Ver hijos observando a uno de sus progenitores aparentando ser tan fuertes y espirituales ante la pérdida de su madre o padre, que más que una inspiración, se convierten en una amenaza, cuando sus hijos llegan a preguntarse al verlos tan tranquilos, si su relación de amor era genuina o no.

El problema se agudiza cuando estas corazas

llegan a oxidarse haciéndonos reacios a todo tipo de ayuda. Lo más doloroso de todo es que con ella puesta, podemos sentir la sensación de lo que nos acontece, pero no experimentar el dolor producido por la pérdida, o lo cálido de la proximidad del consuelo. Olvidamos hasta cómo se siente la vida sin esas armaduras. Y sin querer, nos vamos encerrando en ellas como le ocurrió a nuestro amigo del cuento; ¡ni un herrero podría librarnos de ella! ¡Qué terrible debe ser vivir acorazado! Sin poder sentir, sin dar lugar a las emociones con las que Dios nos equipó. Persistir en dicha actitud no hace de nosotros, personas más espirituales, como algunos cristianos piensan. ¡Vivir dentro de una coraza deshumaniza, crea distancias emocionales y finalmente, rompe los lazos de comunicación con nuestra familia, con los amigos, con los hermanos en la fe que, junto a nosotros formamos el cuerpo de Cristo! No necesitamos jugar a los super héroes ni a las super heroínas. ¡No podemos mutilar el modelo original! Después de todo, Dios nos llamó a ser simplemente eso, ¡humanos!

El cristianismo de todos los tiempos ha encontrado muchos problemas cuando habla de la esencia de ser humanos, debido al concepto teológico del pecado. No voy a entrar en ese tema en este libro, pero sí quisiera destacar la manera en que el pueblo judío maneja el asunto de la pérdida de un ser amado, para poder establecer una comparación entre ambas formas de pensamiento. ¡Me fascina la forma en que los judíos manejan este asunto! Ellos tienen

¡Él siempre acudirá en tu auxilio, la mayoría de las veces, disfrazado de un familiar, de un amigo, de un pastor!

tres periodos de duelo, pero para efectos de este libro, quiero referirme al que llaman <<shivá>>. <<Shivá>> literalmente significa "siete" evocando el tiempo que los dolientes directos (padre, madre, hermanos, hermanas, hijos y cónyuge) permanecen en el hogar de la persona fallecida. Ellos creen que el alma del difunto permanece en el hogar durante siete días y, por tanto, las oraciones que eran recitadas servían de consolación a su triste espíritu.

¡Una semana! Para nosotros, en occidente, nos parece algo insólito y hasta exagerado un velatorio tan largo. ¡Sin embargo, hay un dato que llamó mucho mi atención y es que, en la casa del Shivá (la casa del duelo) se deja la puerta abierta! Esto se hace en señal de que familiares y amigos puedan entrar a consolar al deudo sin tener necesidad de molestarlo para que abra la puerta. Y esto me hizo mucho sentido.

Y es que, solo cuando lloramos comienza ese proceso terapéutico de sanidad.

Pienso, que los cristianos de hoy, necesitamos aprender que, al igual que los judíos, tenemos que dejar la puerta abierta para que la consolación pueda entrar y comencemos un proceso de sanidad. Cuando cerramos esa puerta, los acercamientos del consuelo nos incomodarán, no por lo frecuente que se harán a nuestra vida, sino porque hemos cerrado una puerta que debió permanecer abierta.

Según los judíos, "Shivá" te proporciona de puertas abiertas para que el consuelo llegue, pues ni siquiera Dios entra cuando nuestra puerta está cerrada. Eduardo Pitcnon decía: <<*Por medio del Shiva la tristeza de la pérdida personal es compartida con la comunidad judía. De este modo, una pérdida personal se convierte también en una pérdida pública. Esto permite una expresión conjunta de sentimientos en una atmósfera empática>>.*[13]

¿Se da cuenta mi querido hermano y mi querida hermana? ¡No hay por qué sufrir solo o sola! Dios ha provisto el apoyo necesario, para que cuando lleguen los tiempos de dolor, podamos recibir consuelo. ¡Lo único que tenemos que hacer es dejar que entre! ¡Él siempre acudirá en tu auxilio, la mayoría de las veces, disfrazado de un familiar, de un amigo, de un pastor!

Sentir pesar y dolor por la pérdida de los que amamos, es algo natural. Esa es la razón por la cual el Evangelio de Juan, nos presenta a Cristo como un amigo, solidario con los que sufren, frente a la tumba de Lázaro. Él sabía que Lázaro sería resucitado, que esa pérdida era momentánea, sin embargo, ¡llora! ¡Qué forma tan magistral de validar el dolor humano! ¡Llorar al ver el dolor de los otros! Y es que, solo cuando lloramos comienza ese proceso terapéutico de sanidad.

¡Gracias a Dios por un Cristo que, estando con

---

[13] Eduardo Pitchon, "La Conmoción de La Muerte," accessed August 26, 2019, http://www.pitchon.com.ar/la_conmocion_de_la_muerte.htm.

sus discípulos en el monte, le muestra su fragilidad al compartir con ellos lo que sentía en ese momento! <<*Mi alma está angustiada hasta la muerte* >>, les dijo. No les dijo en tono prepotente: <<tranquilos, ya mismo me van a arrestar y me van a dar golpes hasta dejarme irreconocible No se preocupen, todo está <<chévere>>[14] ¡Yo estoy en victoria, como solemos decir en el lenguaje religioso cuando tratamos de crear la falsa idea de que, <<no ha pasado nada>>! Tampoco se lo ocultó al mundo. ¡Por el contrario! Se encargó de que ese evento, que fue escenificado en la intimidad con tres de sus discípulos, fuera hecho público mediante el escrito del Evangelio. Lo hizo para que todo el mundo supiera que, quien los iba a sanar de sus ansiedades, también se sintió desfallecer ante las suyas. No le importó en lo absoluto que el mundo llegara a saber que una vez el Hijo Poderoso de Dios, ¡tuvo miedo!

El carro fúnebre partió llevándose el cuerpo inerte de mi esposa ¡Y yo…yo me quedé perdido, desolado con un llanto que parecía no tener fin!

---

[14] Chévere, es una expresión puertorriqueña que significa todo está bien, que no hay ningún problema.

¡El dolor produce una herida que nadie puede ver! Ni el mismo que lo padece sabe cómo explicarlo. Me atrevo a afirmar que es una de las emociones más profundas que el ser humano puede experimentar, Pero de igual forma, concuerdo con muchos expertos en la conducta que afirman, que; <<*son de las más descuidadas y mal entendidas, tanto para quienes la sufren, como para aquellos que están en su entorno.*>>[15] Lo que sí podemos decir es que, aunque no se pueda ver ni explicar, es la emoción que más tarda en curar. Lo digo por experiencia.

¡Buscaba refugio en la palabra de Dios, pero parecía que mi corazón y mi entendimiento había sido cubierto con una coraza que no dejaba penetrar la voz del Espíritu Santo!

Aún recuerdo, cuando pedí a los familiares, amigos y hermanos que me acompañaban en el funeral de mi esposa, que desalojaran el salón y me dejaran solo con ella. ¡La contemplé por última vez y lloré hasta no poder más! ¡Abracé su cuerpo frío como hacía tiempo no había podido hacerlo ya que, en su condición, su piel

---

[15] John W. James and Russell Friedman, *The Grief Recovery Handbook, 20th Anniversary Expand* (New York, NY: Harper-Collins Publishers, 2009), 21.

no resistía el contacto! Le dije: <<ahora sí te puedo abrazar>>. Le susurré que la amaba, que no sabía cómo sería mi vida sin ella. ¡No sé cuántas cosas más le dije! El carro fúnebre partió llevándose el cuerpo inerte de mi esposa ¡Y yo…yo me quedé perdido, desolado con un llanto que parecía no tener fin!

¡Cuán difícil se hace hablar bien a los demás, de un Dios con el cual nos sentimos molestos!

Los primeros seis meses que siguieron a su muerte fueron horribles. ¡Sentí que me habían arrancado el corazón! Fueron meses durante los cuales no podía orar. Supe encerrarme en nuestra habitación, tomar su retrato, apretarlo fuertemente sobre mi pecho y entre lágrimas y sollozos tener una plática sin respuesta.

Un día, mi hija Sheilla abrió la puerta de mi recámara y me encontró hablando con la foto ¡Me miró sorprendida, como si estuviera viendo a un loco! Ante su asombro, lo único que pude decirle fue: <<no te preocupes que yo hable con la foto; comienza a preocuparte cuando te diga que la foto me contestó>>. ¡Y comenzamos a reír! Tanto ella, como yo, sabíamos que esa risa era solo una forma de apaciguar el dolor que ambos llevábamos por dentro.

¡Buscaba refugio en la palabra de Dios, pero parecía que mi corazón y mi entendimiento había sido cubierto con una coraza que no dejaba penetrar la voz del Espíritu Santo! Durante ese tiempo me hacía más sentido el Job con coraje, el Job que anhelaba encontrar a Dios para gritarle, para sacarle en cara su injusticia, que el Job que se presenta en los primeros capítulos, sereno y conforme porque no es así. ¡Sentía coraje, frustración, impotencia! Pero al mismo tiempo, pensaba que esto había sido lo mejor para ella; que yo no era quién para contradecir a Annie cuando deseaba que todo esto terminara ya. Cuantas veces nos preguntamos ¿Qué sentido, si alguno tiene esta herida ¿Por qué tiene que suceder así?

Recuerdo una tarde en la que salí de mi casa,

Los seres humanos guardamos muchas cosas en nuestro interior que somos incapaces de expresar, por temor al castigo, ¡al rechazo o simplemente a ser considerados pecadores o ingratos!

sin saber a dónde dirigirme; quería escapar de mí mismo y de aquella voz interna que se me parecía al Dios del consuelo del cual no quería saber en ese momento. De repente, en una calle poco transitada, a pasos de mi casa, detuve súbitamente el auto y comencé a gritar con furia: ¡déjame! ¿No te das cuenta de que no quiero escucharte? ¿No te das cuenta de que, tengo coraje contigo y que no te entiendo? ¿Por qué no me dejas solo? ¡Y lloré hasta quedarme sin fuerzas!

¡Cuántos de los que hoy leen estas líneas, todavía no han podido comenzar su proceso de sanidad de la pérdida por no atreverse a sacar ese coraje que llevan dentro! << *Jehová dio, Jehová quitó, ¡sea el nombre de Jehová bendito!*>>, exclaman aquellos que piensan que fue Dios quien se llevó a la persona que amaban. Aquellos que todavía enseñan esto, pareciera que nos quisieran decir: ¿Quién se atreve a pelear contra Dios? ¡Es como lanzarle una pedrada a un policía que está en el cuartel, justo en el cambio de turno, donde están los que terminan y los que empiezan!¡La posibilidad de salir ileso, son mínimas! Pero ¿Cómo sabemos que fue Dios quien quitó? Lo más terrible es que, somos muy rápidos para declarar esa palabra cuando otros, sufren la pérdida, pero cuando nos toca a nosotros, la situación es otra.

¡Cuán difícil se hace hablar bien a los demás, de un Dios con el cual nos sentimos molestos! ¡Cómo me costaba pararme ante mi congregación domingo tras domingo, durante aquellos seis meses para hablarle de Él! Pienso en esto y me pregunto: ¿cuántas cosas reprimen los hijos e hijas que no tienen la apertura para comunicarse con sus padres? Les ocurre lo mismo que al hermano del hijo pródigo del Evangelio de Lucas.[16]

La historia sugiere que este joven guardó por mucho tiempo la escena de la partida de su hermano. ¡Vio las innumerables ocasiones en que el padre se amanecía mirando a través de la ventana, las veces que corría a la vieja vereda con la gran ilusión de ver regresar al muy sin vergüenza! Y luego, cuando menos lo esperaba, después de trabajar todo el día bajo el inclemente sol, de regreso a la casa, ¡encuentra que hasta la orquesta municipal

---

[16] Véase Evangelio de Lucas, capítulo 15:11-32.

había sido invitada para recibir a su hermano! ¿Cómo era posible? ¡Su hermano había sido un mal hijo, abandonando a su padre! ¡Y él, que había permanecido a su lado trabajando sin descanso y sin poder disfrutar de nada, fue completamente ignorado! ¡Nadie pensó en él, nadie tomó la iniciativa

Experimentar traumas, nada tiene que ver con la falta de fe. Jesús, siendo Dios, en su condición de hombre, tuvo que enfrentarlos. ¡Los vivió en el Getsemaní, los enfrentó mientras ascendía al Gólgota, en la cruz, y hasta en la tumba!

de ir al campo y comunicarle la noticia! Desde el punto de vista humano, su enojo y consiguiente reclamo al padre, eran perfectamente comprensibles. Les aseguro, que, en su lugar, yo hubiera hecho lo mismo.

Esta historia, conocida por todos en la iglesia cristiana, habla de una gran verdad que muchos se niegan a aceptar. Los seres humanos guardamos muchas cosas en nuestro interior que somos incapaces de expresar, por temor al castigo, ¡al rechazo o simplemente a ser considerados pecadores o ingratos! Esta actitud provoca que las personas vivan reprimiendo sus sentimientos, llenen sus corazones de culpas y lleguen a pensar que la iglesia, más que un hospital que sana es una cárcel que propicia heridas emocionales de las que se les hace difícil escapar.

Decimos esto, porque hoy, en nuestras comunidades de fe, escuchamos una gran cantidad de palabras que se han conver-tido en el vocabulario diario del pueblo. Palabras como, prosperidad, herencia, des-tino profético, transición, dimensión, atmósfera, tem-porada, expansión, procesos etc. Expresiones como estas, son la orden del día. ¡Y no está mal! Es importante que nuestro lenguaje sea pertinente a los tiempos que se viven. Pero, hay otras palabras igualmente importantes que, de una u otra forma, han ido desapareciendo dentro de nuestras iglesias. Una de ellas es la palabra <<trauma>>. Esta palabra, proviene de un vocablo griego que significa <<herida>>. Se dice que, cuando

Cuando sufrimos, ya sea, por la pérdida de un ser amado o por cualquiera otra razón, nuestro corazón se vuelve tierno y compasivo para con los sufrimientos de los demás.

uno ve en peligro su vida, o lo que representa su vida, sus sueños, se traumatiza, es decir, experimenta heridas.

Experimentar traumas, nada tiene que ver con la falta de fe. Jesús, siendo Dios, en su condición de hombre, tuvo que enfrentarlos. ¡Los vivió en el Getsemaní, los enfrentó mientras ascendía al Gólgota, en la cruz, y hasta en la tumba!

De hecho, según Isaías 53:5 fue a través de su trauma (*herida*) que recibimos sanidad de nuestros traumas (heridas). Es por esa razón por la que, hay personas cuya experiencia de pérdida los sensibiliza más, ¡los hace más humanos! ¡Esto, a su vez, les ayuda a identificarse con la fragilidad de los demás!

¡Repartimos lo quebrantado! ¡Cuando esto se hace palpable en nuestra experiencia de dolor, podemos vernos como un pedazo de pan quebrantado que alimenta y da vida a otros!

Esto me lleva a pensar que más que nuestra fe, lo que realmente tenemos en común con los demás son nuestras pérdidas, nuestras heridas, nuestros traumas. ¿Por qué digo esto? Porque cuando sufrimos, ya sea, por la pérdida de un ser amado o por cualquiera otra razón, nuestro corazón se vuelve tierno y compasivo para con los sufrimientos de los demás. Lo que quiero decir es que, Dios se vale de nuestro quebranto para alimentar y fortalecer a otros. Y mientras lo hace, nosotros somos fortalecidos. ¡Es algo paradójico, pero es real! Intentaré explicarlo de forma mas coherente, usando el ejemplo de la celebración de la Cena del Señor.

La pérdida debe verse como un proceso que involucra a todos los sobrevivientes, no solo al viudo o viuda.

Cuando vamos a celebrar la Santa Cena primero, tomamos los elementos: pan y jugo de la vid. Segundo, los bendecimos y damos gracias por lo que representan. Por último, partimos(quebrantamos) el pan para darlo a los feligreses y luego, ¡nosotros lo comemos! ¿Sabe lo que eso quiere decir? El pan no se reparte completo, sino partido. ¡Repartimos lo quebrantado! ¡Cuando esto se hace palpable en nuestra experiencia de dolor, podemos vernos como un pedazo de pan quebrantado que alimenta y da vida a otros! ¡Nuestra vida se convierte en una mesa para repartir consuelo y esperanza! ¿No les parece maravilloso? Es posible que, después de leer esta interpretación, usted se esté preguntando cómo mi familia y yo manejamos la pérdida de Annie para luego, convertirla en alimento para otros.

Cada miembro de la familia experimentó el dolor de forma distinta.

Note que en este proceso incluyo a mi familia. Lo hago porque creo firmemente que la familia es un sistema. En un sistema todos los componentes están relacionados entre sí y contribuyen a determinado objetivo. Es por esa razón que, la pérdida debe verse como un proceso que involucra a todos los sobrevivientes, no solo al viudo o viuda.

Es importante reconocer que, la muerte, desde el punto de vista individual, marca el fin para la persona que fallece, pero desde el punto de vista familiar, puede convertirse en el inicio de procesos que pueden prolongarse por generaciones.

Para nuestra familia, significó una profunda crisis. Nos percatamos de que la pérdida nos dejó indefensos, sin saber cómo manejarla. Intentamos salir de ella usando los recursos espirituales como siempre habíamos creído, pero nos dimos cuenta de que, una crisis como la que estábamos pasando, ameritaba ayuda profesional.

Fue entonces que mis dos hijas decidieron someterse a terapia psicológica, al igual que mi nieta. Mi hijo, que vivía fuera de Puerto Rico junto a su familia, se refugió en su trabajo para no pensar y hacer menos difícil la ausencia de su madre. Yo no acudí a ningún psicólogo, no porque no creyera en su capacidad para ayudar, sino porque tuve la bendición de recibir atención pastoral de algunos consejeros y amigos que me acompañaron en todo el proceso y de los cuales, ¡estoy profundamente agradecido!

Aprendí que, aunque no todos procesamos las pérdidas de la misma manera, toda pérdida, es dolorosa y cruel.

Compartir el proceso de la pérdida en familia se convirtió en una herramienta terapéutica para todos. Tengo que aclarar que, aunque todos sufrimos la pérdida, no todos la procesamos igual. Cada miembro de la familia experimentó el dolor de forma distinta. ¡El que uno de los miembros no manifestara sus emociones de la misma manera que los otros, en nada revelaba carencia de dolor! Digo esto, porque a veces, somos muy ligeros pasando juicio sobre las personas solo porque no las vemos llorar, o manifestar abiertamente sus sentimientos. Concepción Poch afirma que, esto puede deberse a dos factores importantes: <<*primero, que las personas construimos los acontecimientos de modo distinto y segundo, porque la relación que cada miembro de la familia mantenía con el difunto/a también era distinta.*>>[17]

El pensamiento de Poch coincide con la manera en que mi hijo Reinaldo manejó la pérdida de su madre. En el funeral de su madre, no tuve mucho tiempo de compartir con él ya que, tenía que regresar a su casa en Orlando. Después de su partida, me quedé con la impresión de que esta pérdida no había sido tan grande para él, como fue para los demás. ¡Lo vi tan inexpresivo, tan seco que tuve la sensación de

¡Hay un camino de oportunidades disponible, pero tenemos que estar dispuestos a entrar en un proceso de sanidad! ¡Sanar toma tiempo!

---

[17] Concepció Poch and Olga Herrero, "La Muerte y El Duelo En El Contexto Educativo: Reflexiones, Testimonios y Actividades," 66, accessed August 26, 2019, https://www.researchgate.net/publication/39207225_La_muerte_y_el_duelo_en_el_contexto_educativo_reflexiones_testimonios_y_actividades.

que no sufría por la pérdida de su madre! ¡Pero estaba equivocado!

Tiempo después me hizo llegar un escrito donde relataba cómo fue la relación con su madre, lo que vivió a la distancia durante su gravedad y lo que sufrió luego de su muerte. Mi hijo, distinto a sus hermanas y a mí, vivió su dolor solo, sin tener a nadie cerca para compartirlo; sin contar con alguien que le ayudara a procesar su pérdida.

Aprendí de esto que, aunque no todos procesamos las pérdidas de la misma manera, toda pérdida, es dolorosa y cruel. Produce una ruptura tan dramática al interior de tu sistema de relaciones que exige que busquemos nuevas formas de funcionamiento. Pero, estas no nos van a llegar por sí solas, tenemos que salir a buscarlas porque alcanzar la sanidad es una decisión. Robert Neimeyer confirma este pensamiento cuando dice: <<*la vida nos obliga a renunciar a todas las relaciones que apreciamos, ya sea a raíz de separaciones, cambios de domicilio, o de las muertes de otras personas o la nuestra*>>.[18]

<<*Las crisis son paradójicas, contradictorias. Por un*

---

[18] Robert A. Neimeyer, *Aprender de la pérdida: Una guía para afrontar el duelo* (Barcelona: Paidos Iberica, 2007), 27.

lado, amenazan tu estabilidad, por el otro lado te presentan una oportunidad para que tu presente sistema cambie.

Cuando alguien a quien amamos fallece después de una larga enfermedad, por un lado, llegamos sentir el alivio de que esa persona ya no está sufriendo. Esta es una emoción positiva.

Pero, al mismo tiempo, nos damos cuenta de que, ya no la volverás a ver más, que no volveremos a tocarla, que no volveremos a escuchar su voz. >>[19] ¡Y créanme!, esto viene a ser muy doloroso tanto para uno, como para la familia. ¡Es paradójico, pero así son nuestras emociones! Todos queremos que ese dolor desaparezca y hasta llegamos a pensar que lo que estamos viviendo es una pesadilla y que, al abrir nuestros ojos acabará.

el pasado es una página protegida sobre la cual nada podemos corregir, pero el presente, es una página en blanco que nos ofrece otra oportunidad de escribir una nueva historia.

Pero, no hay atajos para abreviar el dolor. Tampoco podemos darnos el lujo de permitir que las experiencias pasadas se conviertan en el verdugo de nuestro porvenir. ¡Hay un camino de oportunidades disponible, pero tenemos que estar dis-

---

[19] James and Friedman, *The Grief Recovery Handbook, 20th Anniversary Expand*, 27.

puestos a entrar en un proceso de sanidad! ¡Sanar toma tiempo! No es algo que ocurre, de la noche a la mañana, como por arte de magia. Tenemos que dedicarnos a sanar porque de lo contrario, entraremos en el nuevo tiempo enfermos. Y si estamos enfermos, enfermaremos a otros.

No podemos ser ahogados por la relación que ya acabó.

Yo creo que, sanar, es disfrutar de los recuerdos, sin que estos traigan dolor o remordimiento. Es aceptar que, es perfectamente normal sentir tristeza de vez en cuando al pensar en los seres amados que ya no están. ¡Poder expresar mis sentimientos sin temor al rechazo o la crítica de quienes escuchen! ¡No es ignorarlas ni reprimirlas! Es enfrentarlas, atenderlas y trabajar con esa herida. Cuando se tiene una pena que no se logra superar, ese dolor interfiere con la manera en que normalmente se desarrolla la vida. Por tanto, es imperativo auto examinar el interior hasta reconocer que esa pena y ese dolor son siempre el producto de emociones que no fueron comunicadas.

En este proceso, he aprendido que mi vida es

una mesa y que mi quebranto es pan para dar vida a otros. Entender esto no fue cosa fácil, pero al final, tuve que aceptar esa realidad. ¡Lo que pasó! ¡Nada puedo hacer para cambiarlo! Comprendí que, el pasado es una página protegida sobre la cual nada podemos corregir, pero el presente, es una página en blanco que nos ofrece otra oportunidad de escribir una nueva historia. Como dirían James y Friedman: <<*La fe y la oración son magníficos recursos aplicables a la vida diaria. Sin embargo, no pueden por sí mismas encontrar y resolver lo que no ha sido procesado*>>[20]".

¡No puedes aislarte huyendo de los demás! ¡Tienes que enfrentar la realidad de lo sucedido si es que deseas sanar!

En palabras simples, lo que no estemos dispuestos a enfrentar, no lo podremos corregir.

Además de lo que he mencionado, sanar implica que, si deseamos seguir adelante, tendremos que edificar una nueva red de relaciones. Nuevas amistades, nuevo círculo de intimidad y hasta una nueva terminología. ¡Si! ¡Así como lo estas leyendo!

---

[20] James and Friedman, 27.

Ahora, a quienes antes eran suegros, se convierten en los abuelos de tus hijos. A los que antes llamábamos cuñados o cuñadas, de repente los llamaremos por sus nombres propios.

Esto tiene que ser así porque, lo que validaba ese título ¡ya no existe! Y estos ajustes hay que iniciarlos durante este proceso de recuperación. De lo contrario, se podría ver afectada cualquier relación sentimental que pueda aparecer en el futuro. Para la nueva relación es cruel y desigual tener que pelear contra alguien que no existe. La persona que murió tiene muchos que le defiendan. ¡Su solo silencio es su más noble defensa! Además, quien pelea contra un muerto, es como quien discute frente a un espejo, toda respuesta es revertida contra sí misma.

El tiempo de por sí, sin un proceso intencionado y definido en el que se incorpore ayuda adecuada, no trae sanidad.

Una de las cosas que es menester señalar es que sanidad implica dejar ir el pasado con todo lo que contiene. No podemos ser ahogados por la relación que ya acabó. ¡No existe! Suena duro escucharlo de esta forma, pero ¡créame! viene de alguien que amó intensamente. Cuando se llega a amar tanto a una persona, sentimos que no podrá llegar a encontrar otra igual, cosa que es muy cierta. ¡No hay sustituto para lo perdido! Pero, eso no quiere decir que todo se acabó, ¡que ya no podremos amar de nuevo! Tampoco significa que, si le brindamos amor a otra persona le estamos siendo infiel a la que ya partió. ¡Son tiempos y experiencias distintas! Es una idea errónea que muchas veces se instala en nuestra mente y no nos deja seguir adelante.

Otra cosa que nos ata al pasado es que, en ocasiones, llegamos a creer que el día que dejemos de sentir dolor por esa persona ausente, dejará de existir en nuestros recuerdos. Esto hace que nos aferremos a su recuerdo de tal manera que, nos resistimos a dejarla ir. El resultado de esta acción es que nuestra percepción de todas las demás relaciones significativas se vea afectada, cayendo así, en el aislamiento. ¿Sabes qué? ¡No puedes aislarte huyendo de los demás!

En el desierto había maná y agua brotaba de una peña, pero en la tierra prometida ¡hay leche y miel!

¡Tienes que enfrentar la realidad de lo sucedido si

es que deseas sanar!

Durante el proceso de recuperación leí una anécdota que, en aquel momento no entendí, pero que ahora me hace mucho sentido y quiero compartirla con ustedes. Decía más o menos así: <<*Si te encontraras con una persona que tiene un brazo roto, le dirías <<dale tiempo, no hagas nada, el sanará por sí solo. ¡Seguro que no lo harías! Primero lo inmovilizarías y luego te conducirías al primer centro de ayuda que encontraras. De la misma manera que colocamos el brazo adecuadamente para que pueda sanar, un corazón destrozado también debe ser tratado correctamente>>.*[21] ¿Sabe por qué? Porque el tiempo de por sí, sin un proceso intencionado y definido en el que se incorpore ayuda adecuada, no trae sanidad.

En otras palabras, mientras más retrasemos el proceso de sanidad, menor será nuestra capacidad de experimentarla y sanar.

Por tanto, si has tenido una pérdida significativa tienes que trabajar con ella. ¡No puedes seguir ignorándola con la pretensión de que no te está afectando! Harold Kushner decía: <<*nadie puede poner un calendario sobre tus sentimientos*>>[22].

[21] James and Friedman, 22.
[22] Harold S. Kushner, *Cuando a la gente buena le pasan cosas malas* (New York: Vintage Espanol, 2006), 62.

Los cronómetros no cuentan en este evento. Nadie puede decirte cuando es ya, es tu proceso. Tienes que dedicarle el tiempo que sea necesario. Los hebreos entendían cuán importante es tomarse tiempo para manejar la pérdida. El enfoque que nos ofrece la tradición hebrea, antes de ser reglamentada por la ley sobre el luto, nos presenta un periodo de cuarenta días para cumplir con el rito. ¡Cuarenta días! Nuestra mentalidad occidental encontrará que es un periodo muy largo. Pero, en realidad, no se trataba de seguir una estructura rígida para reglamentar cuanto tiempo debía durar un luto. La verdadera intención era establecer con claridad que las pérdidas requieren de tiempo para ser manejadas correctamente.

De hecho, en la Biblia, el número cuarenta nos habla de desierto, de procesos, de transiciones y hasta de muerte. La gente que comenzó la travesía por el desierto no entró a la tierra prometida y por esa razón vino una nueva generación. Lo mismo ocurre con nosotros en nuestra experiencia de pérdida. ¡Tenemos que entrar a ese desierto para hacer morir lo que tiene que morir ahí y poder entrar a la nueva relación! En el nuevo tiempo, no hay cabida para el pasado; todo será completamente nuevo. En el desierto había maná y agua brotaba de una peña, pero en la tierra prometida ¡hay leche y miel! No se puede entrar a la Tierra Prometida con mentalidad de desierto. Esto es bien significativo. La palabra establece que el tiempo postrero, será mejor que el primero, aunque en el momento, el que sufre la pérdida no lo vea así.

Es posible que algún lector o alguna lectora reaccione de forma negativa ante el enfoque de la pérdida que presento en este libro. Puede que diga: <<*¡no me hables de eso, yo no quiero nada mejor! Lo mejor de mi vida se quedó en el desierto*>>. Si usted es uno de estos, quiero que sepa que respeto su sentir, pero no estoy de acuerdo con su actitud. James y Friedman afirman

¡No te abras a una nueva relación mientras tus sentimientos no estén claros, definidos y sanos!

que: <<*El dolor emocional pendiente puede afectar negativamente la capacidad de una persona para ser feliz*>>.[23] En otras palabras, mientras más retrasemos el proceso

---

[23] James and Friedman, *The Grief Recovery Handbook, 20th Anniversary Expand*, 27.

de sanidad, menor será nuestra capacidad de experimentarla y sanar. La Biblia dice que todo tiene su tiempo, y no podemos hablar de Canaán cuando todavía no hemos superado el desierto.

Quiero finalizar este capítulo compartiendo con ustedes dos experiencias de la vida real que pueden aportar a la comprensión de este tema. La primera de ellas es acerca de un amigo que fue marcado por la pérdida de su compañera de toda la vida. Este amigo me narró un evento en su vida muy emotivo para él. Me contó que había conocido una dama mediante el internet con la cual mantenía conversaciones. Algunas veces, mediante correo electrónico, una aplicación de mensajería, o el celular.

Pasado un tiempo, mi amigo y la dama con quien compartía, se encontraron por primera vez y compartieron todo un día. Él sintió que algo diferente estaba ocurriéndole. Ella poseía todo lo que él anhelaba para comenzar una nueva relación. Podían hablar todo el día y los temas no se agotaban. ¡El tiempo parecía no transcurrir a su lado! ¡Su mirada, su sonrisa, su sentido del humor, decía, parecía como arrancada de uno de sus sueños! Mi amigo parecía haber encontrado a la mujer perfecta para iniciar un nuevo tiempo con ella. ¡Pero todo ese encanto se esfumó de repente! Ella le comentó que había sido marcada por una experiencia de amor dolorosa de la cual no se había recuperado. Mi amigo afirmaba que era una mujer brillante y amaba a Dios con toda su alma, pero que, a pesar de su capacidad y su relación con Dios, no podía escapar de aquella jaula de sentimientos encontrados.

Según mi amigo, la dama en cuestión podía reconocer todas las virtudes que él poseía. ¡Disfrutaba cada momento a su lado cada conversación que sostenían e incluso, comprendía que este hombre haría feliz a cualquier mujer! Sin embargo, según el relato de mi amigo, su corazón estaba ocupado por un fantasma del pasado del cual ella no deseaba escapar. Ella estaba clara en que restaurar aquella relación era un imposible y que de seguir pensando así ponía en riesgo lo que podía ser su nuevo y gran amor. Pero su corazón estaba realmente ocupado a capacidad por lo que pudo haber sido y no fue.

La dama decidió dejar ir a mi amigo, aun cuando sabía que lo viejo no se podía recuperar. La decisión de la dama dejó a mi amigo muy triste, pero muy consciente de que, el precio a pagar por lo nuevo es todo lo viejo.

Esta historia tiene una gran enseñanza para aquellos y aquellas que han sufrido alguna pérdida y se niegan a sanar. ¡No te abras a una nueva relación mientras tus sentimientos no estén claros, definidos y sanos! No solo retrasarás tu proceso de restauración, también puedes herir a quienes intentan allegarse a ti. Cuando no estamos sanos, no solo corremos el riesgo de dejar pasar al verdadero amor, también podemos fomentar en quien nos pretenda, el temor de abrirse a una nueva experiencia y la posibilidad de creer que ese amor que se busca ya no existe.

Un caso distinto a este fue el de Alfredo[24]. Alfredo era un joven y exitoso pastor a quien conocí personalmente. Tenía una hermosa congregación, era exitoso en su trabajo y tenía una familia maravillosa. Habían procreado dos hijos de los que estaban muy orgullosos. ¡La vida de Alfredo y su fa-

---

[24] Alfredo es un nombre ficticio para proteger la identidad de la persona a quien hago alusión.

milia marchaba maravillosamente! ¡Era un pastor exitoso, tenía una bonita familia y le iba bien en su trabajo secular! ¿Qué más podría pedir? Un día, Alfredo se enteró que su esposa le estaba siendo infiel. Esta noticia fue devastadora para él, para sus hijos y para su iglesia. Tras un largo proceso, ella decidió abandonarlo para irse a vivir con el hombre con quien le había sido infiel. Transcurrió un año en lo que se legalizaba el divorcio entre Alfredo y su esposa. ¡Por doce meses, el joven pastor sufrió el dolor de la traición y la soledad frente a una congregación a la que se mantuvo pastoreando! Después de la sentencia de divorcio, Alfredo se enamoró de una joven de la iglesia que pastoreaba. Al poco tiempo se casaron y posteriormente, tuvieron una hija.

Su desesperación por salir de la soledad era tan grande, que ni siquiera estudió bien a la mujer con quien se iba a casar.

La nueva vida de Alfredo transcurría de manera excelente. Su esposa era una maravillosa madre y una excelente compañera en el ministerio. Todo parecía transcurrir con normalidad en esta familia.

Pero un día, la esposa de Alfredo comenzó a sentirse mal. Fueron al hospital y las pruebas que le hicieron revelaron que tenía cáncer. ¡Qué terrible fue esta noticia para Alfredo! ¿Qué haría ahora con su esposa enferma, una niña pequeña, una iglesia que atender y su trabajo? ¡La vida se le había complicado! ¡Pero, Alfredo no se amilanó! Decidió dejar su trabajo secular para dedicarse a atender a su esposa y a su pequeña hija. Mas tarde, ese mismo año, la esposa de Alfredo murió, justo cuando acababan de celebrar su aniversario.

Después de la muerte de su esposa, Alfredo se encontró solo, con la experiencia amarga de un divorcio, dos hijos a quienes tenía que pasar manutención, una esposa acabando de fallecer, una niña menor de edad para quien él ahora *Cuando un solo se acerca a otro solo ambos crean un inmenso desierto.* será su todo y una iglesia que atender. El tiempo pasó y Alfredo se dedicó en cuerpo y alma a su hija y a la iglesia. ¡Pero todo comenzó a complicarse!

La fatiga del trabajo pastoral, sus funciones como padre y madre de una niña que comenzaba a experimentar cambios en su vida, se volvieron un dolor de cabeza para él. ¡Eran demasiadas cosas para las que no se encontraba preparado! Se preguntaba: ¿Qué puedo hacer? Tengo demasiadas responsabilidades y me siento muy solo. Alguien (decía Alfredo) me tiene que ayudar con todo esto. Pero la soledad no es una buena razón para acercarse a alguien. Alfredo no lo pensó mucho. ¡Necesitaba una compañera! ¡Tenía que resolver su situación lo más pronto posible! Así lo hizo. No se había cumplido un año de la muerte de su esposa, cuando se enamoró de nuevo. Su desesperación por salir de la soledad era tan grande, que ni siquiera estudió bien a la mujer con quien se iba a casar. Era una mujer divorciada con dos hijos mayores que su hija. ¡Pero eso no fue problema para Alfredo! ¡Se casaron!

¡Para el solo el silencio es el grito más estrepitoso que puede emitir el vacío! Es la luz que se apaga y solo queda el zumbido de tu acondicionador de aire o de tu ventilador.

Después de la boda, Alfredo decidió ir a vivir a la casa de su nueva esposa. Allí, la convivencia con los dos hijos de su esposa se volvió un infierno. ¡Su hija se convirtió en víctima de los maltratos de sus hermanastros mayores! El acoso era tan fuerte que su hija, tenía que refugiarse en su habitación cada vez que llegaba de la escuela porque no tenía otro lugar donde sentirse a salvo. Mientras todo esto ocurría en su vida familiar, Alfredo seguía atendiendo la Iglesia. Llegar a la iglesia les tomaba una hora de viaje para ir y otra para regresar. La escuela también estaba lejos. Como consecuencia de esto, la esposa de Alfredo tomó la decisión de no acompañarlo durante la

¿Qué sabe el que está acompañado de la soledad del solo?

semana a la iglesia y quedarse con los niños.

A partir de ese momento, las cosas comenzaron a tornarse difíciles. Alfredo iba solo a la iglesia, su hija se sentía infeliz en aquella casa y su esposa, ya no quería ir a la iglesia. ¡El hogar se había tornado en un campo de batalla que lo tenía hastiado! Intentaron resolver las diferencias, pero no fue posible. Fue entonces que se percataron de que, se habían casado por la necesidad de tener compañía y no por amor. Entonces entendieron que, cuando un solo se acerca a otro solo ambos crean un inmenso desierto. Al cabo de un año y medio acabaron divorciados. Alfredo regresó a su casa y ella permaneció en la suya. La iglesia que con tanto esfuerzo había levantado y pastoreado, no supo cómo manejar esta situación. Alfredo tuvo que abandonar el ministerio pastoral porque su iglesia dejó de apoyarlo en los momentos en que más necesitaba.

Esta historia me hace pensar en las iglesias que se olvidan de que los pastores y pastoras que las dirigen son tan humanos como ellos; ¡que se duelen, que sufren, que pasan vicisitudes semejantes a las que sus feligreses pasan! Iglesias que cuando los feligreses experimentan una pérdida, los pastores y pastoras están ahí para ayudarlos y no para causarles problemas. Son las mimas iglesias que cuando un miembro de la iglesia se divorcia no es sacado de la congregación, sino que, junto a sus pastores, tratan de

Cuando nuestras emociones toman el mando en nuestras crisis, el entendimiento tiende a desconectarse.

acogerle y apoyarle. Me pregunto: ¿Es que acaso las iglesias ignoran que quienes velan por sus necesidades también tienen necesidades? ¡Es fácil hablar de la soledad cuando sabes que al finalizar la conversación del momento alguien te acompañará a tu recámara y se quedará contigo! Para quien está acompañado todo el tiempo por su pareja, el silencio parece ser en ocasiones un descanso anhelado. Pero ¿qué significado tiene el silencio para el solo? ¡Para el solo el silencio es el grito más estrepitoso que puede emitir el vacío! Es la luz que se apaga y solo queda el zumbido de tu acondicionador de aire o de tu ventilador. Son los pasos que antes no te dabas cuenta de que se escuchaban a tu alrededor y que ahora, no te dejan dormir buscándolos en el silencio de la noche. Son los recuerdos de conversaciones y momentos compartidos que se ocultan detrás de tu puerta. Son las visitas que acuden a tus sueños realizadas por aquel o aquella que ya no está, interrumpidas por tu despertar pero que cada noche anhelas que se repitan. ¿Qué sabe el que está acompañado de la soledad del solo?

¡Seamos sensatos, que nuestras pérdidas no terminen convirtiéndonos en perdedores!

En esa soledad aprendemos múltiples y duras lecciones en diferentes escenarios de nuestro diario vivir. Como bien ilustra Neimeyer, <<*Nos acontece ahora que dos veces al día, ponemos un plato menos en la mesa. Dormimos solo cada noche, no encontramos a nadie con quien tener una conversación cotidiana o con quien compartir una experiencia del día.*>>[25] Por eso vuelvo a preguntar; ¿Qué sabe el que está acompañado de la soledad del solo?

¿Qué sabe la iglesia de ese súper hombre o súper mujer que deja en el púlpito y en la consejería toda la fuerza que ha reunido para trabajar las fragilidades de sus ovejas y luego es vituperado/a, malentendido/a y hasta abandonado/a cuando se hacen evidentes las suyas? ¿Qué tanto podrán saber los santos del Señor sobre la soledad de sus líderes, sobre sus vulnerabilidades? ¡Que falta nos hace como cuerpo de Cristo visitar el salón de la fama de Hebreos 11 y darnos cuenta de que todo héroe o heroína que ocupa un lugar en ese salón tuvo tiempos malos!

Algunos de ellos pudieron haber sido acusados

---

[25] Neimeyer, *Aprender de la pérdida*, 31.

de desobedientes, mentirosos, adúlteros, asesinos y ¿por qué no decir prostitutas? El pliego acusatorio contra ellos era grande. ¡Pero Dios no los descartó! Los colocó allí a sabiendas de lo que les había ocurrido. Los ubicó y las ubicó allí a pesar de... ¡Tolérenme un poco de locura, por favor! En la actualidad Alfredo permanece solo. Terminó criando a su hija solo y lo ha hecho muy bien. Su hija cursa estudios universitarios, es una joven elegante y madura y está muy agradecida de su padre. Después de aproximadamente ocho años de divorcio, Alfredo me confesó que tiene miedo de darse otra oportunidad. Yo, con todo respeto le contesté: << ¡No, Alfredo, amigo mío, no!¡No puedes castigarte de esa manera! Tu pasado nunca será el tirano que venga para imponerse sobre tu porvenir. ¡Te has ganado el derecho de volverlo a intentar!>>

Somos llamados a aprender de nuestras experiencias. No podemos darnos el lujo de no enfrentar nuestras pérdidas inteligentemente. Cuando nuestras emociones toman el mando en nuestras crisis, el entendimiento tiende a desconectarse. No se trata de que no manifestemos nuestras emociones bajo circunstancias de crisis. ¡No! Ellas están colocadas ahí con una función. Lo que necesitamos hacer es establecer un balance entre emociones y entendimiento de modo que alcancemos a tener emociones inteligentes. ¡*Seamos sensatos, que nuestras pérdidas no terminen convirtiéndonos en perdedores*! Aprendamos de las experiencias del resto del cuerpo, porque la realidad es que, ¡no somos los únicos que hemos tenido una pérdida!

En nuestra experiencia de familia, todos perdimos, todos sufrimos, todos nos desesperamos. Sin embargo, no todos lo experimentamos de la misma forma, ni todos tardamos el mismo tiempo en sanar. Aprendimos de esto, que, la pérdida no puede verse desde un solo lado, sino desde otras ventanas, desde otros enfoques, desde otras maneras de procesar el dolor. Las ventanas de las que te hablo son mis tres hijos. Desde ellas, compartiré con todos ustedes lo que significó para cada uno de ellos, la pérdida de su madre.

CAPÍTULO VI
LAS VENTANAS DE MI CASA

<< ¿Quién se enferma y yo no enfermo?
¿A quién se le hace tropezar, y yo no me indigno? >>

Cuando pienso en la familia, viene a mi mente la imagen de una colección de individuos, que, a la misma vez, es un sistema viviente y en desarrollo en el que cada uno de sus integrantes, están esencialmente interconectados. En este sistema viviente, cualquier evento o circunstancia, (un nacimiento, muerte, o una pérdida de empleo inesperada) afecta toda la familia. Esto es así porque a través del tiempo la familia ha elaborado normas de interacción que constituyen la estructura familiar. Esta estructura es la que rige el comportamiento y facilita la interacción recíproca entre las partes, o sea, entre cada uno de los miembros de la familia.

Todos los seres humanos nos consideramos

como una unidad en interacción con otras unidades. Por eso, cada uno de nosotros, influye en la conducta de otros y estos, a su vez, influyen sobre la nuestra. No obstante, cada parte cumple con el papel que le corresponde. ¡Lo maravilloso de todo esto es que, lo que cada miembro de la familia siente o experimente pasará a formar parte de la experiencia de los demás! No hay forma de que, algún miembro de la familia tenga algún evento, o experimente una pérdida, sin que los demás la experimenten también. Aun cuando no sea de igual magnitud, intensidad, o no tenga el mismo significado para todos.

Para los creyentes en Cristo, esto no debe ser algo nuevo. Somos cuerpo y como tal, experimentamos lo que los otros miembros conectados a este sistema experimentan. ¡No podemos desligarnos de esta realidad! El Apóstol Pablo, en 1 Corintios 12:14 en adelante lo expresa de esta manera: <<*El cuerpo no es un solo miembro, sino muchos. Si dijere el pie: Porque no soy mano, no soy del cuerpo, ¿por eso no será del cuerpo? Y si dijere la oreja: Porque no soy ojo, no soy del cuer-*

---

[26] 1 de Corintios 12:14-16 tomado de la Biblia Reina Valera 1960.

po, ¿por eso no será del cuerpo?>>[26] Es como decir en el caso de la familia, <<Porque como no manifiesto mis emociones como fulano, no soy de esta familia, ¿por eso no será de la familia?>> ¡De ninguna manera! ¡No puedes desligarte de este sistema! ¡Esa es una gran verdad!

Pero, también es cierto que, tenemos la capacidad de ayudarnos mutuamente; cada integrante en este sistema aporta al cuerpo de una experiencia única la cual contribuye al crecimiento sano de la totalidad y lo más importante es, que esta aportación es el producto del amor de todos y cada uno de los integrantes.

Pablo lo confirma de nuevo en Efesios 4:16 (RVR1960) cuando nos dice; <<*Todo el cuerpo, bien concertado y unido entre sí por todos sus miembros que se ayudan mutuamente, según la actividad propia de cada miembro recibe su crecimiento para ir edificándose en amor*>>.

Es por esta razón que, en una pérdida, como dicen Froma Walsh y Mónica McGoldrick; <<*los procesos compartidos en familia son saludables para la adaptación de sus integrantes*>>[27] porque todos pier-

---

[27] Froma Walsh and Mónica McGoldrick, eds., *Living Beyond Loss: Death in the Family* (New York, NY: W.W. Norton & Company, 1991).

den, aunque no por igual. Como ya he dicho, esto puede deberse a dos factores importantes.

El primero: que las personas construimos o procesamos los acontecimientos de modo distinto. Esto quiere decir que, nadie es completamente original en sí mismo. Somos la suma de la contribución genética de nuestros progenitores, con la aportación recibida de las relaciones significativas que desarrollamos con otras personas.

El segundo factor por considerar es que, la relación que cada miembro de la familia mantenía con la persona en cuestión, también era distinta. En otras palabras, cuanto mayor afecto y cercanía, cuantas más cosas en común haya entre la persona fallecida y el miembro de la familia, más difícil se hará enfrentar la pérdida. De igual manera sucederá con el que tenía una relación más distante. Su pérdida será procesada desde su distanciamiento con la persona fallecida.

Sin embargo, eso no quiere decir que puede escaparse de la experiencia. ¡Nadie escapará de esta experiencia! Por eso, <<*no hay forma que un miembro de la familia experimente una perdida sin que los demás no la experimenten, aunque no sea en igual magnitud o significado.*>>[28]

Para poder trabajar con estos conceptos de manera que sean mejor comprendidos por el lector, utilizaré la imagen de una casa de un amigo, a quien visité en una ocasión. Era una residencia muy hermosa en un pueblo pequeño de nuestra isla, Puerto Rico. Estaba situada en la ladera de una montaña. Mientras gozaba de su hospitalidad, mi amigo me invitó a dar un recorrido por todo el interior de su casa para enseñarme las facilidades. ¡La residencia era todo un sueño! ¡Todo era impresionante! ¡Pero hubo algo que me dejó extasiado! Las ventanas de la casa eran de vidrio y a través de ellas, se podían observar distintos escenarios.

El primero de los escenarios se podía observar a través de las ventanas de la sala. Desde allí, un camino ancho, bien asfaltado, con una hermosa hilera de sauces llorones a cada lado me dio la bienvenida a la casa. ¡A la distancia, se podía observar la costa donde el majestuoso mar yacía plácido y sereno, como invitándome a disfrutar de él, aquel

---

[28] Poch and Herrero, "La Muerte y El Duelo En El Contexto Educativo," 66.

día de verano! ¡Qué maravillosa experiencia!

La segunda estampa que cautivó mi vista fue la del cuarto de los niños. A través de su ventana, se podía observar una majestuosa piscina, cuyas aguas invitaban a darnos un buen chapuzón. Al otro lado, un canasto para jugar baloncesto indicaba la presencia de algún aficionado a este conocido deporte. Al fondo, entre varios árboles, se observaba una casa de juegos donde la niña de mi amigo pasaba sus mejores momentos. Esta ventana me conectó con recuerdos del pasado, cuando podíamos observar a mis hijos jugando y disfrutando de sus momentos de ocio. Mi amigo continuó con el recorrido, llevándome hacia la alcoba matrimonial. ¡Era una recámara hermosa, decorada con muy buen gusto! Desde la ventana, se podía escuchar un sonido suave, casi celestial, emitido por el viento que soplaba sobre un grupo de árboles frondosos que invitaban al romance. ¡Era sencillamente, es-

Cada uno mira las cosas, los eventos, las vivencias desde su experiencia. Y cada experiencia merece ser tomada con seriedad y respeto hacia las personas que las viven.

pectacular! La visita a esta casa fue muy acertada para mí. ¡Me preguntaba ¿cómo desde una misma casa se podía disfrutar tal variedad de panoramas? Fue así como se me ocurrió la idea de usar esta

En nuestra familia todas las decisiones se toman en consenso porque consideramos que, todos son parte importante del sistema.

casa como una metáfora para presentar la familia como ventanas a través de las cuales, podamos percibir cómo un evento en la misma familia los afecta a todos, pero de diferentes maneras, cómo cada integrante logra manejar su experiencia desde la ventana en que se encuentra ubicado.

Esto se me hizo interesante cuando me percaté que la mayoría de los escritos sobre la pérdida son redactados desde una perspectiva unilateral, como si solo uno fuera el recipiente de toda esta experiencia de dolor y los demás permanecen al margen, cuando en la realidad no es así. Como he dicho desde el principio, creo que la familia es un sistema viviente en el cual cada uno de sus integrantes, están esencialmente interconectados. Esta es una verdad tan cierta como la vida misma. Incluso, cada uno de nosotros, de una u otra forma, hemos sido como ventanas ubicadas dentro de una casa llamada familia. A través de cada uno de nosotros se revelan diferentes versiones de la historia familiar. Aun habiendo vivido juntos y en un mismo ambiente, desarrollamos nuestra propia cadena afectiva. Analizamos la vida a través de "nuestra ventana" e incluso llegamos a creer que es la única manera de verla. ¿Pero, quieren saber algo? ¡No es así! Cada uno mira las cosas, los eventos, las vivencias desde su experiencia. Y cada experiencia merece ser tomada con seriedad y respeto hacia las personas que las viven.

Tomando en cuenta esto, quiero respetuosamente abrir las puertas de mi familia e invitarlos a visualizar nuestro proceso de pérdida, desde la ventana de cada uno de los integrantes de esta. Las ventanas de mi casa son mis hijos. Me parece que será una gran oportunidad para que otras familias que no han podido iniciar o completar su proceso de sanidad reflexionen en ello.

De entrada, debo decir que somos una familia como tantas otras que viven en el Caribe. Nos gusta compartir actividades, eventos y situaciones pertinentes a la familia. Tenemos objetivos flexibles y fluidos y por eso podemos hacer cambios según el parecer de la familia. Como pareja pastoral, siempre tuvimos claro que, la familia es la primera iglesia que debíamos cuidar. Por eso, tomar tiempo para compartir con nuestros hijos y con la familia extendida, era muy importante. En nuestra familia todas las decisiones se toman en consenso porque consideramos que, todos son parte importante del sistema.

Independientemente de la edad que tuvieras, venías con el derecho a voz y voto en las decisiones de la familia.

Nuestros hijos se criaron en un ambiente de amor y camaradería ya que, somos muy afectivos, muy abiertos. ¡Así somos realmente! En palabras simples, defino mi familia como una <<abierta, de consenso>>.

Probablemente, algunos de nuestros lectores, luego de ver la descripción que hago sobre mi familia, se sientan identificados y estén diciendo, ¡oye, se parece a la mía! ¡Y de eso se trata, de que puedas percibir similitud, ya que de esta forma te sentirás animado o animada a iniciar tu proceso de sanidad, sabiendo que, si otros lo lograron, tú también lo podrás lograr! Como dije al comienzo del libro, tengo tres hijos: Yerana, Sheilla y Reinaldo. Cada uno es diferente en su carácter y también en la manera en que procesan las cosas. Dado que ya conocen la manera en que yo procesé la enfermedad y posterior pérdida de mi esposa, quiero que permitan que las tres ventanas de mi casa (mis hijos) expresen cómo fue para cada uno de ellos, esa experiencia. Veamos lo que Yerana tiene que decir.

<<Nací en un hogar donde mis padres eran pastores. En muchos casos, ser hija de pastor hubiera resultado una experiencia negativa, tensa y de mucha presión, pero ese no fue mi caso. Nunca sentí la presión que normalmente se ejerce sobre los hijos de los pastores. No ocurrió, porque mis padres se cuidaron de no someternos a ese proceso. Además, siempre creí que, independientemente fuera hija del pastor, yo no era la pastora.

En mi hogar, siempre se respetaron los derechos de todos. Es decir, independientemente de la edad que tuvieras, venías con el derecho a voz y voto en las decisiones de la familia. Esto nos ayudó a desarrollar un carácter donde se respetaba a cada uno como ser individual. Eso acrecentaba la confianza y el respeto de cada cual.

Para mi sorpresa ella nos miró y nos dijo <<Dios tiene el control.>> Mientras ella decía esas palabras mi mente solo repetía: ¡Mamá tiene cáncer!

Nuestros amigos eran, y formaban parte de nuestra familia. Mis padres los recibían y desde ese momento participaban de todo evento familiar. Admiraba a mis padres por la sensibilidad que tuvieron para con ellos y por la forma en que nos criaron. Puedo decir que tuve una niñez feliz y me sentía muy orgullosa de ser parte de mi familia.

A mis padres siempre los vi <<enguaretados>>[29] No perdieron ni dejaron espacios que el tiempo no les permitiera aprovechar. Todo lo hacían juntos; desde las cosas que tuvieran que ver con la iglesia, hasta los detalles más pequeños del hogar. La vida en familia transcurriría tranquila, sin cambios

---

[29] "Enguaretados" es una expresión de nuestra tierra. Significa que las personas estaban juntas todo el tiempo.

significativos. Mis hermanos y yo nos desarrollába-
mos de manera normal y mis padres siempre estaban pendiente de nosotros.

Todo iba bien, hasta una *Todos sabrán de mí y*
tarde en que papi y mami *Su poder*
decidieron hablar con noso-
tros porque tenían algo muy importante que compartir. ¡Nunca olvidaré ese día! Mis hermanos y
yo, llegamos a la habitación de ellos y nos sentamos
en su cama para escuchar lo que tenían que decir.
Papi tomó la palabra y nos habló de los resultados
de una biopsia que le habían hecho a mami. Tan
pronto escuché la palabra biopsia, el resto del mensaje traído por papi era un sonido vacío para mí.
¡Volteé el rostro para mirar a mi madre! ¡Quería
saber en qué estado de ánimo se encontraba! Para
mi sorpresa ella nos miró y nos dijo <<Dios tiene
el control.>> Mientras ella decía esas palabras mi
mente solo repetía: ¡Mamá tiene cáncer!

Nos enteramos de que le habían dado un tiempo de vida, pero lo sobrepasó. Hubo momentos en
que, creí que lo peor había pasado, pues era hospitalizada frecuentemente debido a que su cuerpo

rechazaba algunos medicamentos que no podía asimilar. ¡Pero no fue así! Cada día sus recaídas aumentaban y el sufrimiento que pasaba era más terrible. Las hospitalizaciones se hicieron más frecuentes y prolongadas.

Una mañana, recibí una llamada de mi padre donde me decía que, necesitaba mi ayuda para llevar a mami al hospital. Después de muchos intentos, la ambulancia llegó. ¡Mover su cuerpo de la cama hasta la ambulancia fue toda una tragedia! Cuando por fin los paramédicos pudieron subirla partimos hacia el hospital.

¡Sentía coraje con mis padres por habernos ocultado información para no causarnos daño! ¡Me enfadé con ese Dios al cual ella defendía a capa y espada!

Ya en el hospital, fueron intensas e interminables las horas de espera. ¡Todo el cuadro se agravó de súbito y no había marcha atrás, su fin se acercaba y ella estaba consciente de ello! Fue durante esa espera en una habitación privada antes de ser llevada a la unidad de cuidados intensivos, que mami se despidió de mi diciéndome estas palabras al oído; <<Todos sabrán de mí y Su

poder, te amo Yerana.>> Ahora cobrará sentido lo que me dijo, una vez publicado este libro, <<Todos sabrán de ella.>>

Luego de unas horas que parecían siglos, llegó la noticia de que mami había partido. Acompañé a mi padre hasta la sala de intensivo donde nos encontramos con su cuerpo, ¡qué dolor! ¡Cuántos sentimientos encontrados, cuánto coraje experimentado! ¡Sentía coraje con mis padres por habernos ocultado información para no causarnos daño! ¡Me enfadé con ese Dios al cual ella defendía a capa y espada! ¡No podía entender cómo Dios se la había llevado, en la flor de su madurez, cuando ¡a penas se acababa de jubilar! ¡Cuántos sueños y planes que no se pudieron realizar! ¡Ahora que me gustaba verla disponer de su tiempo para disfrutar su vida de jubilada…ahora se había ido!

Su muerte dejó en mí sentimientos que todavía permanecen. Pensar y saber que nadie me amará como ella, nadie me oirá y comprenderá como ella, nadie amaría a mis hijos con profundo amor y detalles inmensurables de abuela como ella, nadie me regalaría consejos sabios como ella, nadie me inyectará de su ánimo y actitud como ella ante cualquier adversidad. ¡Nadie, nadie!

¡Han pasado muchos años desde que se fue, pero aún sigo levantando mi celular marcando el teléfono de mi madre, aún sigo entrando a su casa y llego a su recámara esperando encontrarla para tener aquella conversación pendiente! ¡Aún sigo visitando lugares donde hay artículos que de seguro hubiera apostado que le hubiera encantado comprar, aún sigo viendo personas que ya sea por su estilo de pelo, estatura, su estilo de vestir, me la recuerdan! Sigo viviendo, pero sin dolor; con una extraña y profunda nostalgia de regresar al pasado, de regresar a ella. Y estoy sana, sin cargos de conciencia, pues la disfruté a plenitud y espontáneamente.

Después de todo este tiempo, puedo decir que ya no sigo enojada con Dios. ¡El burló la prognosis de los médicos, de un año de vida, concediéndole siete! En pa-

¡Han pasado muchos años desde que se fue, pero aún sigo levantando mi celular marcando el teléfono de mi madre, aún sigo entrando a su casa y llego a su recámara esperando encontrarla para tener aquella conversación pendiente!

labras simples: ¡le manifestó su perfección! Entiendo que hay un propósito para todo esto, que, aun no estoy convencida de cuál es la respuesta correcta y no me queda más que aceptar el curso natural e inevitable de la vida misma.

¿Olvidarla? ¡Nunca! Esta mujer me hizo ser lo que soy. Contestaré esa pregunta con la letra de una canción del canta-autor cubano Francisco Céspedes:

¡El burló la prognosis de los médicos, de un año de vida, concediéndole siete!

Olvidarte será fácil, ya lo se
Tengo apenas que dejar de ver el   mar
Y cegarme ante la luz de las estrellas
No ver llegar la luna detrás de un cristal

Olvidarte será fácil, ya lo se
Tengo apenas que arrancarte de mi piel
Y cerrar a tiempo puerta y ventanas
No ver llegar la noche ni el amanecer

Olvidarte será fácil. Ya lo sé
Tengo apenas que taparme los oídos

A los cantos de las aves y al murmullo penetrante
de los ríos
Olvidarte será fácil te lo digo
Es cuestión de no escuchar a mis latidos
Olvidarte será fácil, ya lo se
Tengo apenas que matar un sentimiento
Y tapar el sol entero con un dedo
Cambiar mi corazón, por uno de papel
Olvidarte será fácil
Tengo apenas que taparme los oídos
A los cantos de las aves y al murmullo penetrante
de los ríos
Olvidarte será fácil te lo digo
Es cuestión de olvidar que he nacido.

¡Me despertaba exhausta, con lágrimas en mis ojos y con una tristeza muy profunda en mi corazón al comprobar que eran solo eso…sueños!

Te amo Mami.>>

Las expresiones vertidas aquí por Yerana, nos hablan un poco de quién es y cómo procesa las cosas. De mis tres hijos, ella siempre ha sido la que todo lo analiza, la que trata de mantenerse en control no importa la situación que esté atravesando. Es la <<psicóloga>>de la familia que busca el lado positivo a todo lo que ocurre en su vida, y a su alrededor. La pérdida de su madre, como bien ha dicho, la dejó marcada. Sin embargo, ¡no se quedó ahí! Supo luchar con empeño para sacar de su mente y de su corazón, los fantasmas que intentaron confundirla luego de la muerte de su madre. En su lugar, decidió guardar con celo las memorias que vivió junto a ella sin permitir que el dolor la consumiera. ¡Y lo hizo, no porque le doliera menos, sino porque entendió que era necesario dejarla ir para seguir viviendo de una manera sana, como su mamá le había enseñado! Sin embargo, el caso de mi hija Sheilla, fue distinto, como podrán observar en el relato que sigue.

<<Cuando mi padre me pidió colaborar en este libro compartiendo mi proceso de pérdida, me sentí atemorizada de solo pensar en la posibilidad de que, al narrar estos eventos, volviera a experimentar aquella pesadilla. ¡Pero no fue así! ¿Cómo me sentí durante este proceso y cómo lo he llevado? Les contaré mi experiencia.

Comenzaré diciendo que en todos estos años jamás he podido olvidarla, ni borrar una sola vivencia con ella. Cada noche soñaba que mami se levantaba de los muertos. ¡La veía viva, sana, sacudiéndose la tierra de su ropa y diciéndome: <<Mírame mi amor, ¡mírame Sheilla! ¡Estoy sana!!>> Por doce años tuve el mismo sueño, noche tras noche. ¡Los sueños eran tan fuertes y reales que apenas podía dormir! ¡Me despertaba exhausta, con lágrimas en mis ojos y con una tristeza muy profunda en mi corazón al comprobar que eran solo eso…sueños!¡No podía hablar de ella con nadie sin llorar desconsoladamente! No importaba cuántos años habían transcurrido desde su muerte, sentía como si el evento hubiera ocurrido el mismo día. ¡Su ausencia no fue, ni ha sido fácil para mí!

¡De hecho! Debo decir que, aunque mis hermanos también fueron afectados, la experiencia ha sido diferente para mí. ¡No me interpreten mal! No estoy diciendo que sufrí más que ellos. Lo que quiero decir es que, como ellos estaban casados, tenían con quien compartir su dolor. Tenían con quien desahogarse. ¡Pero yo no! ¡Era madre soltera! ¡Vivía sola con mi bebé, se me hacía difícil superarlo, pues no tenía con quien desahogarme! Suprimí durante años su partida y nunca manejé mi duelo. No estaba lista para dejarla ir. ¡Para colmo! Mi bebé era una copia exacta de mi madre y comencé a refugiarme en él y guardaba en mi interior un miedo terrible a perderlo, como había ocurrido con ella. El temor era tan fuerte que cuando mi hijo comenzó su primer año escolar, perdió muchas clases debido a que, el miedo a que la muerte me lo quitara impedía que lo enviara. ¡Quería tenerlo conmigo todo el tiempo! No podía darme cuenta de que esa sobreprotección podía ser dañina para el sano desarrollo de mi hijo. Después de algunos años, entendí que esa sobreprotección era dañina, enfermiza tanto para el niño, como para mí. No lo dejaba ser un niño como los demás. ¡Ese temor hizo de mí una mujer tan insegura, que no solo tenía miedo de perder a mi hijo, sino a dos de mis grandes amores: mi padre y mi abuelo! Creía que mientras más alejados los tuviera, a Dios no se le ocurriría darme otro golpe. Pensaba, <<mientras más amas, más sufres>>.

¡Pero eso no quedó ahí! Una semana después de la muerte de mi madre, al percatarme de la cruda realidad de que no la volvería a ver, comenzaron mis polémicas con Dios. Le reclamé lo que la mayor parte de las personas le reclaman cuando ocurre una situación como esta. ¿Por qué ella y no otros que se merecían estar muertos? ¡Llegué a desearle la muerte a algunos que, según yo, debían estar muertos! ¡Qué bueno que ninguno de ellos murió durante mi coraje! ¡Peleé con Dios como ustedes no se pueden imaginar! ¡Grité, lloré! ¡Cada día mi coraje era mayor! ¿Qué se la haya llevado sin yo haber vivido unas experiencias que como hija se viven con una madre? ¡No! ¡Esto para mí era imperdonable!

Llegué a odiar a mis hermanos porque ellos no estuvieron con ella en sus peores momentos, como estuve yo (así llegué a pensar). ¡Los odié, porque ellos se llevaron experiencias hermosas que yo nunca las llegaría a vivir! ¡Experiencias como el que me ayudara a vestir el día de mi boda, recibir su bendición en el altar, que no estaría para el nacimiento de mis hijos y que disfrutara de ellos como disfrutó los de mis hermanos! ¡Yo no tuve ese privilegio!¡Todo esto aumentaba mi coraje con Dios! A todo esto, mi padre me consiguió ayuda profesional con una Psicóloga para ayudarme a sanar.

Pero sabía que era mi única salida, estaba en mis manos y no en las de Dios terminar con esta situación.

Tuve muchos consejeros, pero no lograba recuperar mi seguridad y salir de esta crisis tan deshumanizante. Pasó bastante tiempo para procesar mi dolor y comprender que mi lucha era ridícula e insensible. ¡Estaba tan desenfocada que hasta mis valores éticos y cristianos se habían afectado! ¡Pedí perdón a Dios y entendí que no soy quién para decirle a Él a quién se lleva o, a quién deja!! ¡Le supliqué que me ayudara a bendecir a mis hermanos que tanto amo, a ver la vida nuevamente a través de la esperanza, de que, sí existe un mejor mañana, aunque al presente no lograba verlo!

¡Hace 4 años, volví a soñar con mi madre! Pero en esa ocasión, me detuve y dije: ¡Ya Basta! ¡Mami te dejo ir, ya no más visitas en las noches, hoy te digo adiós, te dejo descansar! En el sueño le pedí a Dios que me diera fuerzas. ¡Era tan doloroso decir estas palabras! Pero sabía que era mi única salida, estaba en mis manos y no en las de Dios terminar con esta situación. Desperté llorando, pero jamás he vuelto a soñar con ella. Ya puedo descansar, cosa que desde que mami partió, no había podido hacer. ¡Desde entonces, todo cambió! Lo malo que llegué a sentir por mis hermanos, desapareció. Dios me ayudó a superar algunos de los pensamientos que por largo tiempo me torturaban. Los pensamientos sobre quién me enseñaría a criar a mis hijos, quién me ayudaría a prepararme el día de mi boda, o a quién le contaría mis secretos, fueron sanados. En otros, sigo en proceso.

En mi caso, ha sido un proceso largo y muy doloroso, ¡pero he ganado esta pelea! Hoy puedo decir con seguridad que estoy sana y feliz, que este proceso me ha servido para madurar mi carácter, ser más sensible hacia los demás, a comprender la brevedad de la vida y la realidad de la muerte, pero sin temor, porque sé que esta vez no perderé, sino que ganaré.>>

Al leer y luego escribir aquí el sentir de Sheilla sobre la pérdida de su madre, tengo que vivir agradecido de Dios por su vida. Desde que nació, tuvo que lidiar con una condición severa de asma que la mantenía hospitalizada varios meses durante cada año de su vida. Esta situación provocó que su madre y yo nos apegáramos a ella de forma especial, cuidándola todo el tiempo. A veces he llegado a pensar que la sobreprotegimos en exceso y que esa es la razón por la que la pérdida de su madre la volvió tan insegura y temerosa. Sin embargo, cuando la contemplo, veo en ella una mujer maravillosa, llena de vida, alegre que ha sabido sobreponerse a los golpes

> *Me gustaba, pero cuando comencé a escuchar a muchos miembros de las iglesias donde mis padres pastorearon, hablando mal de ellos, me molestaba.*

que la vida le ha dado, incluyendo la pérdida de su madre. Cabe señalar que, aunque su madre amaba a sus hijos por igual, con Sheilla tenía una química única. Cuando Annie enfermó, era ella quien pasaba noches enteras cuidándola para que yo pudiera descansar. Tal vez esa fue la razón por la que el proceso de pérdida fue tan difícil de superar para ella.

El último relato que deseo compartir con ustedes es el de mi hijo Reinaldo. Él es la tercera ventana desde la cual intento explicar el proceso de pérdida que atravesamos como familia. Veamos:

<<Mis hermanas han descrito muy bien a mi madre y lo que ha sido el hogar de donde procedo. Pero como bien dijo mi padre en uno de los capítulos de este libro, <<cada persona experimenta los eventos o pérdidas en su vida desde la proximidad o distancia a la que se encuentre de la persona que ha perdido.>> Yo quiero dar mi versión de todo lo sucedido con mi madre.

Soy el único varón de esta familia y para colmo, el menor. ¿Saben lo que esto implica? Soy al que todo el mundo le da instrucciones, al que todos se sienten con el derecho de regañar, el que siempre tiene la culpa de todo lo que se rompe o desaparece. ¡En fin! No es fácil esta posición, aunque, por otro lado, tiene también sus partes buenas.

Desde mis diecisiete años, he vivido la mayor parte de mi vida en los Estados Unidos. ¡Siempre he sido muy independiente y despegado de la familia! Cuando era niño, asistía a la iglesia junto con mis padres y mis hermanas. Me gustaba, pero cuando comencé a escuchar a muchos miembros de las iglesias donde mis padres pastorearon, hablando mal de ellos, me molestaba. Me daba coraje que fueran tan mal agradecidos y que no pudieran apreciar todo lo que mis padres hacían por ellos. Pero si eso me molestaba, más enojo sentía al escuchar a mis padres tratando de defenderlos. ¡Fue de esa forma que comencé a separarme de la iglesia y también de mis padres!

Mi malestar aumentaba cuando las personas, en lugar de llamarme por mi nombre, comenzaban a preguntar: ¿Tu eres el hijo del pastor Burgos? ¡Qué difícil es ser hijo de alguien a quien todos conocen! Esto agravaba mi malestar, pues me hacía sentir que yo no tenía personalidad propia sino la que obtenía a través de mi padre. ¡Qué horrible es sentir uno que no existe para otros! Estos sentimientos me llevaron a distanciar-

Mi distanciamiento fue tal, que nunca me permitió ver lo equivocado que estaba.

me de mis padres y de todos. Fue así, que, a los 17 años, siendo apenas un adolescente, abandoné la casa de mis padres para irme a vivir al estado de Florida.

El tiempo transcurría muy rápido y yo cada día me distanciaba más de mis padres. ¡No llamaba! ¡No escribía y ni siquiera me preocupaba por saber nada de ellos! ¡Tenía tanto enojo adentro que era mejor mantener distancia! Sin embargo, tengo que admitir que mis padres siempre se esforzaban por comunicarse conmigo. Viajaban a Florida para verme, pero yo, seguía a la distancia, para no ser alcanzado por lo que tanto dolor me ocasionó y me llevó a separarme de lo que más amaba.

Nada te debe de apartar de lo que por voluntad de Dios te fue asignado, ¡nada ni nadie!

Estando en Florida, mi hermana Sheilla me llamó para notificarme sobre la enfermedad de mi madre. No podía viajar, así que le pedí que me mantuviera informado de su estado. Durante los años que ella estuvo conveleciendo de su enfermedad, nunca viajé a la isla a visitarla. Sheilla me mantenía informado de lo que pasaba, pero, aun así, nunca me decidí a viajar para verla. Por el contrario, mis padres viajaron varias veces a verme. Mi distanciamiento fue tal, que nunca me permitió ver lo equivocado que estaba. Horas antes de su muerte mi madre me llamó. Yo estaba con unos amigos en una celebración. Su voz sonaba quebrada. Le pregunté cómo estaba y me dijo:<<Yo estoy bien hijo, cuídate mucho, sabes que siempre te voy a amar>>. Me pareció una despedida, así que volví a preguntarle ¿Qué pasa? No me escondas nada, pero ella repitió que todo estaba bien. Se despidió aquella noche y yo seguí con la actividad. La mañana siguiente me llamaron para notificarme su partida. Esta vez llegué a la isla, pero ya era tarde. Nunca pude ver la gravedad del asunto.

¡Que mucha razón tenía mi padre cuando escribió: <<cada persona experimenta los eventos o pérdidas en su vida desde la proximidad o distancia a la que se encuentre de la persona que

Unos sanarán en semanas, a otros, les tomará años, otros nunca sanarán.

ha perdido!>>

He lamentado su pérdida todos los días, me he reprochado infinidad de veces el no haber estado más de cerca en su proceso, quisiera tener una línea directa con ella en el cielo para llamarla varias veces al día, a ver si recupero el tiempo perdido, pero eso no es posible. He tenido mis peleas con Dios sobre, <<por qué te llevas gente tan buena >> (es obvio, los malos se los lleva otro). Mis hermanas tuvieron ayuda para manejar

Creo con todo mi corazón que, cuando le permitimos a Dios orientarnos en el proceso, a partir de ese momento las cosas que parecían no tener solución comienzan a tomar nuevos giros de gloria porque Él es Dios de cosas nuevas.

su pérdida, yo no la había podido manejar y como siempre, lo eché hacia un lado para poder seguir viviendo, hasta ahora que mi padre me pidió que le ayudara narrando mi experiencia.

¡Que egoísta he sido! Continúo fuera de los caminos de Dios, (si así le pudiera llamar a lo que hago con mi vida) pero quiero de alguna forma poder corregir lo pasado con un consejo a los hijos e hijas que, como yo, son distantes de la familia. Nada te debe de apartar de lo que por voluntad de Dios te fue asignado, ¡nada ni nadie! He vivido la escena del hijo prodigo tantas veces, y siempre he sido recibido con una nueva oportunidad para comenzar, pero nuevamente me voy de la casa, abandono mi familia. Anhelo el día en que la fiesta se complete y deje de verme yo mismo como un jornalero en lugar de reconocer que siempre seré hijo <<a pesar de>>.

Como podrás notar, no he terminado mi proceso, no he completado mi duelo, no he podido llegar a donde debo. Admiro a los y las que han llegado, a los y las que han identificado lo que enfrentan. Yo, sigo desapareciendo dentro de mí,[30] esperando encontrar dentro del poco recuerdo que me queda, cómo regresar de nuevo a casa, pero esta vez para poder ser hijo y no más uno a la distancia. ¡Los amo familia!>>

Como habrán podido observar en estos relatos,

---

[30] Al momento de escribir esta parte, mi hijo Reinaldo se recupera de un incidente en el que casi pierde la vida. Unos coágulos de sangre invadieron su cerebro, riñones, pulmones y su hígado y estuvo en coma durante varios días. El episodio fue tan crítico que afecto parte de su memoria permanente y en mayor grado su memoria inmediata, por ello la expresión: "**Yo, sigo desapareciendo dentro de mí, esperando encontrar dentro del poco recuerdo que me queda.**" Doy gloria a Dios por dejármelo con vida.

la experiencia de pérdida no es la experiencia de uno, sino la realidad de muchos. En el capítulo titulado Sanando para no enfermar, dije que en una pérdida los procesos compartidos en familia son saludables para la adaptación porque todos pierden, pero no en igual magnitud.

El que uno de los miembros no manifieste sus emociones de la misma manera que la mayoría del grupo, en nada revela carencia de dolor. Todos somos tan diferentes, que aun viniendo de los mismos padres y habiéndonos criados de la misma forma, manejamos las experiencias y las pérdidas de formas tan variadas cómo cuántos humanos participen de ellas. Unos sanarán en semanas, a otros, les tomará años, otros nunca sanarán.

Pido al Señor que los relatos de mis hijos puedan ayudar en algo a familias afectadas por la pérdida, sobre todo, a aquellos y aquellas que sufren en silencio los estragos de una crisis que ellos no provocaron. ¡Anhelo ayudarles a entender, que a pesar de lo diferentes que podamos ser el uno del otro, somos familia y que lo que afecta a uno, nos afecta a todos!

Creo con todo mi corazón que, cuando le permitimos a Dios orientarnos en el proceso, a partir de ese momento las cosas que parecían no tener solución comienzan a tomar nuevos giros de gloria porque Él es Dios de cosas nuevas. Te puedo asegurar que, no importa cuánto tiempo transcurra, si buscas hallarás, si llamas alguien te responderá y si tocas a la puerta, alguien nuevo o conocido se aproximará para abrirla. Es la mayor evidencia de que una nueva y mejor temporada se aproxima para ti. Ya sea que la desees o no, decidas aceptarla o no, como quiera llegará. Solo te pido, ¡considérala! porque el mundo seguirá su curso, contigo o sin ti. Procura que sea contigo, te aseguro que tu mañana no será igual...será mejor.

Capítulo VII
Mañana no será
igual, será mejor

<<*Los que sembraron con lágrimas,*
con regocijo cegarán >>.

Han pasado muchos años desde que la historia que hemos compartido comenzó. Me atrevo asegurar que han sido innumerables los sentimientos de empatía que se han creado entre ustedes y nosotros a través de estas narraciones. Los seres humanos solemos identificarnos con las experiencias vividas por otros, y en cierta forma, esto nos ayuda a entender que, no somos los únicos en este inmenso planeta a quienes les ocurren cosas difíciles. Como diría Salomón, <<un mismo suceso nos ocurre a todos bajo el sol>>.

Mis hijos y yo decidimos abrir nuestro corazón compartiendo con ustedes, el proceso vivido antes, durante y después de esta experiencia. Lo hemos hecho con el único propósito de decirle al mundo que Dios ha sido bueno con nosotros haciendo que nuestro hoy, sea mejor de lo que fue ayer. ¡Y no se trata de menoscabar lo que como familia vivimos! Ellos tuvieron una gran madre y yo tuve una excelente esposa con la cual fui muy feliz. ¡Fue una temporada maravillosa de la que guardo los más hermosos recuerdos! ¡Pero, ya se fue! Superarnos no solo ha sido bueno para nosotros. En nuestro proceso, muchos otros han sido beneficiados. ¡Gloria a Dios por su infinito consuelo!

Hoy, mi familia y yo estamos disfrutando de un nuevo tiempo, un tiempo lleno de amor, consuelo y esperanza en el que podemos decir que somos una mesa sobre la que hay una gran cantidad de pan para compartir con quienes lo necesiten. Dios ha sido tan bueno con nosotros que no quiero dejar pasar la oportunidad de compartirles lo que nos ha venido ocurriendo en los últimos años.

Un mes despues de la muerte de Annie, tuve una experiencia que impactó mi vida. Entré a una panadería ubicada al lado de la Iglesia que pastoreaba en ese momento (Iglesia de Dios La Catedral en Bayamón, Puerto Rico) para comprar desayuno a algunas personas que estaban trabajando en el templo. Ordené el desayuno y me senté a esperar que lo despacharan. Mientras esperaba no paraba de pensar en lo acontecido con mi esposa. ¡Miles de preguntas sin respuesta arañaban las paredes de mi mente! Mi rostro reflejaba el dolor de su reciente pérdida. ¡Nada parecía tener sentido ni color para mí! De repente, me topé con una pareja que nunca había visto. La mujer se acercó a mí y preguntó: << ¿Es usted pastor?>> Si, soy el pastor de la iglesia aquí al lado, le respondí. Y de forma muy cuidadosa me dijo: <<usted no nos conoce (y estaban en lo cierto) ni nosotros a usted, lo cierto es que Dios nos desvió de nuestra ruta para traernos hasta aquí y esperar a que llegara una persona y esa persona es usted.>>

¡Me sentí raro! Era una de esas cosas con la que uno no se topa a menudo. No les miento al decirles que me entró cierto escepticismo. Pero, como pastor respetuoso que he sido, decidí escucharlos. ¡Y qué bueno que les presté atención! Las palabras que me compartieron fueron una confirmación de algo que Dios me había dicho semanas antes cuando visité a una familia de amigos en Miami. En aquella ocasión, Dios habló a mi vida anunciando que vendría un nuevo tiempo para mí. ¡Fue tremendamente consolador! Escuché el mensaje hasta que ya de salida, el caballero se regresa y me dice: <<no se incomode con lo que le voy a decir, pero el Señor me dijo que le dijera que tiene su nueva compañera>>. Demás está decirles que me indigné. ¡Hacía solo un mes que el amor de mi vida había muerto y <<estos>> me vienen a hablar de una nueva pareja! ¡Me resultaba totalmente fuera de lugar! El hombre, observando mi cambio de colores me tomó de las manos y me dijo: <<tranquilo Pastor, el Señor dice que será para dentro de tres años y viene de afuera>>, es decir, del extranjero. Dichas estas palabras, se marcharon y nunca más los he visto ni he sabido de ellos. ¡Me marché de la panadería todavía atónito por aquellas palabras que pensaba habían sido pronunciadas en muy mal tiempo!

Los años subsiguientes a esta visita, fueron una

escuela en la que Dios continuó con su plan perfecto colocando cada pieza en el lugar correcto. Durante ese tiempo mis amigos me decían: <<Ya es mucho tiempo de estar solo, tú eres un hombre joven, deberías comenzar a buscar una compañera>> pero yo les decía que no tenía ningún deseo de hacerlo y era cierto. Uno de esos amigos de toda la vida, muy preocupado, mientras cenábamos en un restaurante me dijo: <<Mi esposa y yo estamos muy preocupados por ti, llevas mucho tiempo solo>>. Le dije que estaba bien, pero ellos insistieron en que me iban a presentar una joven de su iglesia muy de Dios y yo le dije que no tenía ganas de conocer a nadie para esos fines. ¿Y saben lo que me dijo? <<No me digas que se te han cambiado los cables >> (Esta expresión se usa en Puerto Rico para denotar a alguien que se ha vuelto homosexual) Aquella noche no paré de reír. Necesitaba reírme fuerte como hacía tiempo no lo hacía. Terminé por complacerlos y fui a cenar con mi amigo, su esposa y la joven que me querían presentar. Confieso que, me sentí como el chico tímido de la secundaria que le arreglan una cita por primera vez. Me sentí ridículo, estaba fuera de forma. ¡Ya ustedes se pueden imaginar! Después de esta experiencia, mi vida siguió su curso normal. Realizaba mis funciones pastorales con gozo, compartía con mi familia, amigos y compañeros de ministerio y al final del día, regresaba a mi casa. Antes de ir a la cama, tomaba una taza de café, repasaba mi correo electrónico para verificar los mensajes enviados y contestaba aquellos que requerían rápida respuesta y luego, veía algo de televisión. Los días, los meses y los años seguían pasando y mi vida de hombre soltero transcurría igual, sin cambios significativos.

¡Pero una noche, tres años después de aquel encuentro en la panadería (extraño en aquel momento), recibí un correo electrónico que impactó mi vida! En el mismo, una joven expresaba su deseo de establecer amistad conmigo, pues había visto mi foto y leído mi perfil en una página cristiana para hacer nuevas amistades. Su nombre: Noemí González Rivera ¡Sí! ¡Tal como lo están leyendo!¡Estaba siendo invitado a establecer una relación cibernética! ¡Yo, un pastor viudo! Pero, para que no se hagan malas interpretaciones, permítanme explicarles cómo sucedieron las cosas.

Esa noche, después del servicio en la iglesia que pastoreaba, llegué a mi casa tarde. Me senté frente a mi computadora para revisar mi correo electrónico y como había tantos mensajes, comencé a borrarlos sin abrirlos. De repente, mis ojos se concentraron en un mensaje que promocionaba un sitio cristiano para conseguir amistad. Debo admitir que la curiosidad me atrapó, así que, leí de qué se trataba y terminé respondiendo a cada una de sus preguntas. Me pidieron una foto y le di una mejorada con Photoshop, porque <<*el negro tenía que verse bien*>>

Después de contestar las preguntas y enviar la foto, me dije a mi mismo ¿y si alguno de los miembros de mi iglesia me ve, ¿qué pensarán de mí? Terminé con las dudas diciendo: <<Es una oferta gratuita por quince días, ¿quién rayos de mi iglesia iba a entrar a ese chat y ver a su pastor buscando conocer amistades? ¿Acaso no le basta con las que tiene? Eso me parecía escuchar>>.

¡Qué tremendo! Me había registrado por curiosidad en esta página y ahora alguien al par de días solicitaba mi amistad. Demás está decirles que le respondí afirmativamente, porque ella se identificaba como pastora. Me dio curiosidad por saber qué hacía una pastora entrando a estas páginas y ella me respondió: <<lo mismo que hace un pastor>> porque yo me había identificado como pastor.

A partir de ese momento, entre los dos comenzó una hermosa amistad. Por primera vez despues de la muerte de Annie, sentí que algo diferente estaba ocurriéndome. ¡Ella poseía todo lo que anhelaba para comenzar una nueva relación! Podíamos hablar todo el día y los temas no se agotaban. ¡El tiempo parecía no transcurrir a su lado! ¡Su mirada, su sonrisa, su sentido del humor, decía, parecía como arrancada de uno de sus sueños! ¡Parecía haber encontrado a la mujer perfecta para iniciar un nuevo tiempo con ella! Cabe aclarar que, al principio solo nos comunicábamos por correo electrónico o mediante un lugar para conversar que había en la página en cuestión. (Chat). Posteriormente compartí mi número de celular con ella e iniciamos conversaciones telefónicas que se prolongaban hasta altas horas de la madrugada. Éramos dos pastores que no podían correr el riesgo de tomar decisiones a la ligera por lo que era imprescindible conocernos siendo transparentes en todo lo que estábamos compartiendo. Despues de un mes de conversaciones telefónicas y correos electrónicos, ella me dijo que viajaría a Puerto Rico para visitar a su familia en Acción de Gracias. ¡Por primera vez la vería personalmente! Para entonces, vivía en Waukegan, Illinois, a donde se había mudado unos meses antes para pastorear una Iglesia Metodista. ¡Dios la había movido de Puerto Rico a Illinois después de haber sido profesora en la Universidad Interamericana de Puerto Rico por más 20 años! ¿Casualidad o <<Dios-cidencia?[31]>>

Nuestro primer encuentro fue en el Aeropuerto de San Juan, Puerto Rico. ¡Fue breve, pero muy emocionante! ¡Vernos por primera vez frente a frente y saber que éramos quienes decíamos ser, fue maravilloso! Nos saludamos y caminé con ella

---

[31] La palabra Dios-cidencia no existe en el diccionario de la Real Academia Española. Es una expresión usada para denotar que, de alguna forma, Dios estaba mediando en el asunto.

hacia donde estaba su hermana y su sobrina que fueron a recogerla al aeropuerto. Al otro día yo salía para Tallahassee Florida a visitar a mi hija Sheilla y a mi nieto. Pensé que no tendría oportunidad de compartir con ella, pero me equivoqué. A mi regreso pudimos salir y compartir un día completo. ¡Les aseguro que fue mágico! ¡Parecía que estábamos hechos el uno para el otro!

A los ocho meses de conocernos, después de muchas conversaciones, oraciones y acuerdos, desfilamos juntos al altar para sellar nuestro amor. ¡Parecía un sueño! La palabra recibida en aquella panadería tres años atrás fue certera. ¡Tal como Dios había dicho así fue! ¡Noemí venía de afuera, de la ciudad de Waukegan, en Illinois! ¡Dios la había movido de Puerto Rico a Waukegan para que la palabra dada por aquella desconocida pareja tuviera su cumplimiento en el tiempo perfecto! ¡Qué bueno es saber esperar el cumplimiento de las palabras que Dios nos dice! ¡Dios tiene un sentido del humor muy particular!

¿Y saben qué es lo mejor? Noemí es aquella joven que mencioné en el capítulo <<Sanando para

no enfermar>>en la que un amigo me contaba una experiencia con una dama cuyo corazón estaba marcado por una experiencia negativa que no la dejaba iniciar una nueva relación. El amigo de aquella historia soy yo. Ella fue sanada de aquel recuerdo y yo de los míos. Hoy, llevamos once años de casados y somos muy felices. Juntos, pastoreamos la Iglesia de Dios La Catedral, donde desarrollamos un ministerio enfocado en la familia hasta que me jubilé en el 2010. Dios me había dicho que el tiempo postrero para mí sería mejor que el primero, y así ha sido. Actualmente, Noemí y yo tenemos un ministerio internacional llamado Familiarizándonos mediante el cual ofrecemos conferencias, seminarios y consejería pastoral a toda la familia.

A partir de la llegada de Noemí todo cambió, no solo para mí, también para mis hijos y para la familia de Annie. Con ella, Dios introdujo en nuestras vidas una nueva temporada que ha venido a traer consuelo, respuesta a anhelos que se creían perdidos, y a demostrarnos que el tiempo presente supera por mucho las bondades del pasado.

En el capítulo anterior mis hijos les contaron a

través de sus respectivas ventanas lo que fueron sus crisis, pero ahora comparten junto a mí, las bondades de una esperanza que no defrauda. Yerana me cuenta que emergió de la crisis para ser más fuerte ante cualquier adversidad. Me confesó que, aunque todavía hay momentos en que desea tomar su teléfono para llamar a su madre y contarle trivialidades del día, reconoce la bendición de saberse rodeada de personas extraordinarias que siempre han estado muy cerca, como su hermana y como yo.

<<Hay personas nuevas que se han añadido a mi vida como es mi esposo Charlie, a quien sin duda le habría encantado conocer. Luego de un tiempo llegó Noemí (Noe, como siempre la llamo) para integrarse a nuestra familia. Confieso que por derecho propio se ha ganado el ser la madre de nuestra familia y la abuela de nuestros hijos. De esta estrategia se valió Dios para llenar algunos vacíos. Hoy es madre, abuela, amiga, consejera y hasta confidente de todos porque, como buena consejera, sabe guardar secretos>>, expresa Yerana. Hoy Noemí y Yerana hablan continuamente y

comparten tanto las cosas importantes, como las trivialidades de la vida. Lo mismo ocurre con Sheilla quien es las más apegada de los tres, a Noemí.

<<Por mucho tiempo creí que mis hermanos eran los únicos privilegiados de contar con personas en sus vidas para compartir sus cosas. Pero Dios me dio otra bendición, me trajo a Noemí. Ella ha sabido cuidarme y amarme en todo momento. Cuando conoció a Odlanier, mi hijo mayor, lo amó como si fuera nieto de sangre. El día de mi boda, estuvo conmigo. Me acompañó al altar y junto a mi padre, celebró la ceremonia. Estuvo presente en el nacimiento prematuro de mi hijo Nathan Rey, me cuidó y he visto el amor que le tiene. Fue mi hombro para llorar cuando perdí a mi tercer bebé y estuvo conmigo durante todo el proceso, como sé que mami lo habría hecho. Hoy la llamo mamá.

Ella no vino a sustituir a mi madre, ella vino a darle otro sentido a mi vida tras una pérdida tan grande. ¡Hoy ya tengo con quien compartir esos temas que solo se hablan entre madre e hija, hoy tengo una amiga, un paño de lágrimas, tengo una cómplice y tengo otro refugio en donde puedo sentirme segura! La vida continúa y sé que algún día volveré a los brazos de mi madre, pero mientras eso ocurre, me disfrutaré al máximo mi nueva bendición <<Noemí.>>

¡Y así es! ¡Hay que ver cómo se quieren esas dos! Hablan todos los días, comparten, hacen bromas y lloran cuando algo triste acontece. ¡Cuán insondables son los misterios del Señor!

Mi hijo Reinaldo también ha vivido experiencias importantes con Noemí desde que la conoció, pero hubo una que me parece importante resaltar. << En octubre 31 de 2016 fui encontrado tirado en el baño de mi casa en la Florida inconsciente, convulsando. Un coágulo de sangre se había desprendido afectando algunos de mis órganos internos como el cerebro, los riñones y los pulmones. Según supe después, estuve en coma durante un tiempo, incluso, en una ocasión, los médicos me resucitaron debido a un arresto cardíaco. Cuando desperté había perdido la memoria inmediata y gran parte de la memoria permanente. Estuve hospitalizado treinta y seis días y al salir solo podía moverme en silla de ruedas pues se me hacía imposible caminar. Sentía que mi vida productiva había terminado. Convulsaba varias veces al día. A causa de todo esto, perdí mi trabajo y mi casa. Un día mis padres viajaron al estado de Florida a buscarme y junto a mis hijos fuimos a vivir en su casa en Atlanta, Georgia. Por espacio de un año y medio me ayudaron a recuperarme. Estuvieron conmigo en todo momento, incluso, pusieron a un lado sus compromisos ministeriales fuera de Atlanta para acompañarme en las citas médicas en las diferentes especialidades que mi condición requería, hasta mi rehabilitación. ¡Fue un proceso muy cruel, doloroso y lento, pero pude salir adelante con la ayuda de Dios y de mis padres! Durante ese tiempo mis hijos mejoraron su rendimiento académico en un 100% gracias a los cuidados y el apoyo que tuvieron de ellos, especialmente de mamá Noemí, pues como saben, ha sido profesora por mucho tiempo.

Doy gracias a Dios por mis padres, en especial por Noemí, porque no siendo mi madre biológica, se portó al ciento. Hoy la llamo mamá porque cuidó y cuida de mí y de mis hijos, como su verdadero hijo y sus nietos. He ido recuperando mi memoria permanente poco a poco. Mi memoria inmediata está en proceso, pero ya camino sin necesidad de una silla. ¡Gracias a Dios! Tengo trabajo, recuperé mi licencia de conducir y mis certificaciones en mi empleo, y lo más importante, tengo una nueva oportunidad de arreglarme con el tiempo. Espero no fallar esta vez.>> Lo que Dios ha hecho con mi hijo es milagroso. En ese proceso la participación de Noemí ha sido vital, como él mismo reconoce.

¡Pero eso no quedó ahí! También Dios obró de manera espectacular en la familia de Annie. Como todos saben, formar una nueva familia implicaba un cambio de roles en sus miembros. Es un proceso difícil, pero gracias a Dios, Noemí y yo pudimos hacerlo y hoy podemos dar testimonio de cómo lo logramos.

Luego de la muerte de Annie, me dediqué a sanar también a esta familia. Había pertenecido a ella por mucho tiempo y puedo afirmar que he sido amado, valorado y respetado por todos. Los padres de Annie eran como mis padres, así que seguí visitándolos todos los sábados para saber cómo transcurría sus vidas y compartir con ellos. Cuando conocí a Noemí y estaba seguro de nuestro destino, se lo informé a ellos. ¡Aquella tarde fue dolorosa! ¡Ellos lloraron y yo junto a ellos! Creían que me perdían porque otra familia ahora llenaría ese espacio, pero nunca sucedió de esa manera. El día de la boda, allí estaban los hermanos y hermanas de Annie con sus familias, dándonos su bendición. ¡Fue un detalle hermoso!

Pasado el tiempo, yo seguía visitando a Paula y a Leo, (así se llamaban los padres de Annie) pero lo hacía solo. Noemí siempre me decía: <<ve, no dejes de visitarlos, algún día yo te acompañaré>> Siempre le preguntaba a Paula ¿puedo traer a mi esposa? Ella aun no estaba preparada para ese encuentro. Así que, seguí visitándolos solo, esperando el momento en que su corazón estuviera sano.

Un día, cuando llamé a Paula para indicarle que la iba a visitar me dio una gran sorpresa. Me dijo: <<no vengas solo, trae a tu esposa contigo>>. ¡Escuchar aquellas palabras fue maravilloso! Le di la noticia a Noemí y decidimos hacerle una visita, esta vez los dos juntos. Al llegar aquella tarde, Paula estaba esperando para abrirnos el portón. Me abrazó y besó como de costumbre y luego miró a Noemí y le dijo, << Tú eres Noemí, ¿verdad? ¡Hoy es el día preparado por Dios para este encuentro! ¡Desde hoy tú serás mi hija y esta será tu casa>>! La abrazó y la besó. Desde ese día, cuando visitábamos a Paula y a Leo, ellas pasaban tiempo conversando, riendo y preparando los alimentos como si fueran madre e hija. Actualmente, cada vez que hablamos por teléfono, Paula pregunta por Noemí y le envía saludos cariñosos. ¡Qué grande es Dios! Tal como Dios me dijo en una ocasión, el mejor tiempo de mi vida ¡acababa de comenzar!

Déjame decirte que, mientras trabajaba en lo que sería mi nueva temporada, pensar en que mi mañana sería mejor, le dio sentido a mi espera. Para mí fue como caminar mirando <<al Invisible>>, como seguir las huellas de quien se quiere revelar y estoy seguro de que para mi familia también lo ha sido. Todavía continuamos experimentando pérdidas, hay rostros que siguen desdibujándose de aquella foto familiar. ¡Es un proceso inevitable! Lo que no nos permitimos como familia es, que nuestras pérdidas nos conviertan en perdedores.

¡Eso, no es parte de nuestro proceso! ¡Por el contrario! Hemos aprendido a caminar con nuestros respectivos álbumes de recuerdos, ya que olvidarlos es completamente imposible. Los recuerdos siguen ahí, cual testigos silentes de todo lo que vivimos, pero ya no duelen como ocurría antes. ¡Ahora... ahora llegan solo para provocar un suspiro de paz, una sonrisa de esperanza que nos anuncia la llegada de una nueva temporada! Esto no descarta que en algunos momentos las lágrimas broten, pero esta vez vienen acompañadas por una expresión de gratitud a Dios, a los amigos que nos acompañaron en el proceso, a Noemí, quien ha sido esposa, madre, abuela, confidente y colaboradora en este nuevo tiempo. ¡En fin! Dios nos ha dado una nueva oportunidad y la estamos disfrutando al máximo.

Para los que han perdido su pareja, como fue mi caso, el que nuestro nuevo tiempo llegue para elevarnos hacia una experiencia mejor, no significa que, lo que antes teníamos palidece ante lo que ahora podamos, o vayamos a tener. ¡No me entiendas mal! Se trata de que, la persona que anteriormente te acompañó tuvo un tiempo maravilloso en tu vida, ¡que fue excelente, pero ya se cumplió! Dios te provee ahora de un tiempo nuevo en el que tu anterior amor no te puede acompañar. De aquí en adelante Él te proveerá la compañía para tu nueva jornada, pero debes ser muy cauteloso, porque al fin de cuentas, será tu elección.

Tu nuevo tiempo promete ser uno en el que, <<*a los afligidos se les de gloria en lugar de ceniza, óleo de gozo en lugar de luto, manto de alegría en lugar del espíritu angustiado*>> Tiempo en el que tu suerte cambie, <<*en donde los que sembraron con lágrimas, con regocijo recogerán*>>.Será una nueva experiencia en la que podrás rodearte del bien de Dios para tu vida y ser verdaderamente bendecido, si invitas a la prudencia a convertirse en tu consejera. Digo esto, porque cuando se piensa en comenzar, es importante tener la seguridad de que tu proceso anterior, te haya convertido en una persona visionaria. Y una persona visionaria es capaz de ver su proyecto terminado antes de empezarlo. Por tanto, si has pensado iniciar un nuevo tiempo, tienes que estar bien seguro de lo que quieres y de lo que necesitas para completar tu jornada. ¡Tu memoria debe estar sana y en perfecto dominio de tus recuerdos! ¡Tus viejos hábitos tienen que ser sustituidos por nuevos para que puedas aportar a la vida de aquellos y aquellas que te acompañarán de aquí en adelante, sin enfermarlos!

No sé cuán largo ha sido tu proceso; solo puedo decirte que te has convertido en un sobreviviente, te has recuperado de tu experiencia de dolor y en el proceso te has crecido, ¡te felicito! ¡Ahora llegó la hora de celebrar tu triunfo, de levantarte para emprender tu vuelo! Hoy comienza un nuevo capítulo en tu vida. ¡Llegó la hora de recuperar lo que el dolor te quiso arrebatar, tu derecho a ser feliz!

Quiero recordarte que hay buenos finales cuando invitas a Dios a formar parte de tu proceso. Esperar nunca ha sido una tarea fácil. Pero Thich Nehat decía: <<*La esperanza es muy importante porque puede hacer el momento presente más fácil de soportar. Si creemos que el mañana será mejor, podemos sobrellevar la vida actual.*>>[32]

Concluyo este relato diciéndote que, tal como

---

[32] El Maestro Zen Thich Nhat Hanh, Vietnamita, es un líder espiritual global, poeta y activista por la paz. Es el hombre a quien Martin Luther King llamó "Un Apóstol de la paz y no violencia". Tomado del Internet

Dios lo ha hecho con mi familia y conmigo, hay un nuevo tiempo diseñado desde la eternidad para ti. ¡Es una invitación a levantar el vuelo, a mirar la vida con esperanza, dejando atrás los fantasmas del pasado que quieren mantenerte en la oscuridad, convirtiéndote en presa de tus sentimientos y recuerdos dolorosos! ¡Ven, levántate! ¡Tu nueva temporada te espera! Emprende tu vuelo con la certeza de que <<Aquel que comenzó la buena obra en ti, no se rinde, la continuará hasta el final>>

La vida es dinámica, <<*hoy herimos, mañana curamos; hoy destruimos, mañana edificamos; hoy lloramos, mañana reímos; hoy guardamos luto, mañana bailamos de gusto.*>> [33] Esto seguirá siendo así porque <<**Mañana no será igual... será mejor**>>.

---

[32] Tomado del libro de Eclesiastés 3:3-4 Versión TLA.

BIBLIOGRAFÍA CONSULTADA

Concepción Poch y Olga Herrero (2003). La muerte y el duelo en el contexto educativo. Barcelona: Ediciones Paidós Ibérica, S.A.

José L. Guadalupe y María T. Pagan (1997). Vida Consciente, Muerte Divina. Puerto Rico: Publicaciones Puertorriqueñas.

Robert A. Neimeyer (2000). Aprender De La Perdida, una guía para afrontar el duelo. Barcelona: Ediciones Paidós Ibérica, S.A.

T. Berry Brazelton (1990). Families: Crisis And Caring, traducido al español por: Antonio H. Soto. Barcelona: Ediciones Paidós Ibérica, S.A.

C. Castro Cubells (1969). Crisis En La Conciencia Cristiana. Madrid: Ediciones Guadarrama

Fernando García Castaño (2000). Aprendiendo A Vivir. Puerto Rico: Ediciones Hispalis

Daniel Villa (2004). Más Alla Del Entendimiento Humano. California, USA: Lubrero Printing

Roberto Amparo Rivera (2005). No Me Dejes Solo. Puerto Rico: Palabra y más Inc.

Therese A. Rando (1988). How to Go On Living When Someone You Love Dies. USA: Bantam Book

Robert Fisher (1994). El Caballero De La Armadura Oxidada. Barcelona: Ediciones Obelisco

John W. James y Russell Friedman (2001). The Grief Ricovery Handbook. Traducido al español por Alma Duran bajo el título "Manual Para Superar Las Perdidas Emocionales". Madrid: Los Libros del Comienzo

Travis Bradberry (2007). El Código De La Personalidad. Colombia: Editorial Norma

Clotaire Rapaille (2006). El Código Cultural. Colombia: Editorial Norma

Jo Iddon y Huw Williams (2004). Como Entrenar La Memoria. Barcelona, España: Empresa del grupo Editorial Norma

Harold S. Kushner (1981). When Bad Thinks Happen to Good People. New York: Schoken Books Inc.

Eduardo Pitcnon (1998). La Conmoción De La Muerte. Londres: documento del internet

Froma Walsh y Monica McGoldrick (1991). Living Beyond Loss, death in the family: New York: W.W. Norton & Company.

Jorge E. Maldonado (2005). Crisis, perdidas y consolación en la familia. Libros Desafío, Grand Rapids, Michigan.

Samuel Pagán (2007). De Lo Profundo, Señor, A Ti Clamo, Introducción y comentario al libro de los Salmos. Miami Florida, EE.UU: Editorial Patmos

Made in the USA
Lexington, KY
23 September 2019